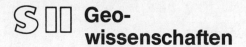 S II Geo-wissenschaften

Naturschutz und Landschaftspflege

Von
Rüdiger German

 Ernst Klett Stuttgart

**S II
Geowissenschaften**

**Naturschutz und
Landschaftspflege**

Von
Rüdiger German

1. Auflage   1 ⁴ ³ ² ¹ | 1985 84 83 82

Alle Drucke dieser Auflage können im Unterricht nebeneinander benutzt werden. Die letzte Zahl bezeichnet das Jahr dieses Druckes.

© Ernst Klett Verlag, Stuttgart 1982. Nach dem Urheberrechtsgesetz vom 9. Sept. 1965 i.d.F. vom 10. Nov. 1972 ist die Vervielfältigung oder Übertragung urheberrechtlich geschützter Werke, also auch der Texte, Illustrationen und Graphiken dieses Buches, nicht gestattet. Dieses Verbot erstreckt sich auch auf die Vervielfältigung für Zwecke der Unterrichtsgestaltung – mit Ausnahme der in den §§ 53, 54 URG ausdrücklich genannten Sonderfälle –, wenn nicht die Einwilligung des Verlages vorher eingeholt wurde. Im Einzelfall muß über die Zahlung einer Gebühr für die Nutzung fremden geistigen Eigentums entschieden werden. Als Vervielfältigung gelten alle Verfahren einschließlich der Fotokopie, der Übertragung auf Matrizen, der Speicherung auf Bändern, Platten, Transparenten oder anderen Medien.

Satz: Setzerei G. Müller, Heilbronn
Druck: Druckerei Röck GmbH, Weinsberg
Titelbild: R. Leser, Bad Waldsee
ISBN 3-12-409130-2

Inhaltsverzeichnis

Einführung 4

I **Grundlagen** 5
  1 Begriffe und ihre Abgrenzung 5
  2 Zur Geschichte
     des Naturschutzes 8
  3 Die rechtliche Seite 10
  4 Naturschutzverwaltung
     und -organisationen 14

II **Nutzung der Landschaft –
ökologisch gesehen** 17
  5 Land- und forstwirtschaftliche
     Nutzung 17
  5.1 Probleme der Land-
     bewirtschaftung 17
  5.2 Pflege der Landschaft
     in der Vergangenheit 18
  5.3 Landschaftspflege heute,
     Brachflächen 19
  5.4 Landschaftlich funktions-
     gerechte Nutzung 22
  5.5 Boden und Schadstoffe 22
  6 Flurbereinigung und Naturschutz . 23
  6.1 Naturschutz im Flur-
     bereinigungsverfahren 23
  6.2 Einzelprobleme
     der Naturschutzarbeit
     bei Flurbereinigungen 24
  6.3 Ökologische Ausgleichs-
     maßnahmen im Zuge einer
     Flurbereinigung 26
  7 Straßenbau in der Landschaft 28
  7.1 Zerschneiden der Land-
     schaft durch Verkehrswege 28
  7.2 Schadfaktoren im Straßen-
     verkehr und die Sicherheit eines
     gesunden Naturhaushaltes 31
  7.3 Grundsätze für die Trassierung
     aus der Sicht von Ökologie,
     Naturschutz
     und Landschaftspflege 31
  7.4 Aufgaben des Naturschutzes
     bei Straßenplanungen 33
  8 Bauen und Landschaftsplanung .. 33
  8.1 Naturschutz und Bauen
     (Landverbrauch) 33
  8.2 Bauleitplanung 36
  8.3 Gliederung einer Stadt 37
  8.4 Landschaftsgemäße
     Besiedlung 38
  8.5 Bauen im Außenbereich 39
  8.6 Regionalpläne,
     Landesentwicklungsplan,
     Landschaftsplanung 39

III **Erdwissenschaftliche Aufgaben
des Naturschutzes** 41
  9 Geologische Naturdenkmäler ... 41
  10 Geomorphologische Ver-
     änderungen durch Menschen ... 43
  11 Rohstoffgewinnung 47
  11.1 Belastung der Landschaft
     durch Rohstoffgewinnung 47
  11.2 Rohstoffsicherung 49
  12 Rekultivierung von Material-
     entnahmestellen 50
  13 Gewässernetz und Hang-
     neigung 53
  14 Landschaftsschäden –
     Landschaftsverbrauch 56

IV **Schutzobjekte und ihre Pflege** 60
  15 Flächenschutz 60
  16 Feuchtgebiete 63
  17 Gewässer- und Naturschutz 66
  18 Landschaftspflege –
     Biotopschutz 74

V **Ökologie und Naturkreislauf** 79
  19 Lufthülle und Klimaänderungen . 79
  20 Das Meer und seine Nutzung 82
  21 Ökologische Leitsätze 88
  21.1 Das „Ökologische Manifest" 88
  21.2 Merksätze für naturschutz-
     gemäße Landschaftserhaltung
     bzw. -gestaltung 90
  21.3 Grundsätze zur Nutzung der
     Landschaft in Stichworten 91

VI **Literaturverzeichnis** 92

VII **Stichwortverzeichnis** 97

Einführung

Naturschutz scheint vielen Menschen eine rein oder zumindest weitgehend biologisch ausgerichtete Denk- und Arbeitsweise zu sein. Zweifellos sind *Pflanzen, Tiere* und die sie betreffenden *Kreisläufe* in der Natur nach wie vor die *Grundlage* nicht nur der Naturschutzarbeit, sondern unseres gesamten irdischen Daseins, selbst wenn dies inmitten unserer Zivilisation und ihrer technischen Denkweise heute vielleicht nicht immer deutlich wird (→ Kap. 19). Viele Menschen sind inmitten des hochzivilisierten Lebens von einem *natür*lichen Denken im eigentlichen Sinn des Wortes schon recht weit entfernt. Manche haben allerdings die Ölkrisen und die Berichte des „Club of Rome" aufhorchen lassen. Dadurch hat glücklicherweise wieder eine Rückbesinnung auf die wirklichen Grundlagen und Abhängigkeiten unseres Daseins eingesetzt. Diese werden im Wissensgebiet der *Ökologie* zusammengefaßt, welche die Beziehungen der Lebewesen untereinander und mit ihrem Lebensraum untersucht. Insbesondere die wechselseitigen Beziehungen, die oft ein eng und vielfältig verflochtenes Netz gegenseitiger Abhängigkeiten im Naturkreislauf darstellen, sind es, welche wir besser pflegen müssen, als viele technisch orientierte zivilisierte Menschen dies bisher wahrhaben wollen. Insoweit vermag wohl auch der biologisch weniger Informierte zu verstehen, daß Naturschutzarbeit ohne Biologie höchst fragwürdig, ja sogar sinnlos ist. Es gibt jedoch bei der Naturschutzarbeit so viele Aufgaben aus dem Gebiet der Erdwissenschaften, also für Geologen und Geographen, daß diese hier zusammengefaßt werden sollen. Das enthebt den jeweiligen Bearbeiter im Rahmen der Naturschutzarbeit nicht der Pflicht, beide Seiten, die biologische und die erdwissenschaftliche, zu berücksichtigen und zu kennen. Im Hintergrund muß immer das große und wesentliche ökologische Ziel stehen: *Erhalt eines gesunden Naturkreislaufes*. Dieses Ziel ist jedoch ohne gründliches Wissen über die biologischen und die weiteren naturwissenschaftlichen Zusammenhänge nicht zu erreichen. Damit wird hoffentlich auch schon deutlich, daß die Wissensgebiete Biologie und Erdwissenschaften nicht nur bei der Arbeit im Naturschutz zusammengehören. Insofern kann nur ökologisches Denken und Handeln unsere Zukunft sichern. Diese elementaren Grundlagen muß jeder Mensch möglichst schon in der Schule erfahren.

Gelegentlich wird angenommen, daß eine gute Raumordnung unsere Zukunft gewährleiste. Das wäre durchaus möglich, wenn Raumordnung immer auf ökologischer Grundlage betrieben würde, d. h., wenn Raumordnung nicht nur weitestgehend auf fragwürdiges zivilisatorisches „Anspruchsdenken" und vermeintliche gesellschaftliche Notwendigkeiten Rücksicht nehmen würde. Wie oft versteht man unter Raumordnung lediglich ein Verbauen der Landschaft mit Gebäuden und Straßen. Gelegentlich wird dann – als Konzession an die Natur und die Erholungsbestrebungen – ein See oder ein mehr oder weniger großer Park eingeplant bzw. werden einige Sträucher und Bäume gepflanzt. Aber die von Vertretern der Raumordnung angestrebte Verbauung zur Versorgung der Bevölkerung hat meist keinen ökologischen Hintergrund und schädigt in ihrer einseitigen und häufig konzentrierten Form in vermeidbarer Weise den Naturkreislauf. Der erste Smogalarm im Januar 1979 ist ja schon Anzeichen genug, um zu erkennen, daß bereits jetzt an manchen Stellen, nicht nur Mitteleuropas, eine *Raum-Unordnung* vorliegt. Diese dürfte meist auf Versäumnissen der Stadt- oder Raumplanung in der Vergangenheit beruhen. Zweifellos lebt unsere Gemeindepolitik – ähnlich, wie dies schon *Fliri* (1970) für Tirol festgestellt hat – oft von den „Planungssünden der Vergangenheit". Dies sollte Anlaß sein, endlich wieder auf die natürlichen Überlegungen zurückzugreifen, welche uns die Natur und das Leben in der Natur liefern. Naturschutz und Landschaftspflege versuchen auf der Grundlage der Ökologie dieses Ziel zu erreichen, um uns auch in Zukunft ein gesundes Leben zu ermöglichen. Der Kürze wegen wird in diesem Buch das mit Ökologie, Naturschutz und Landschaftspflege zu kennzeichnende Gebiet meist nur mit der Kurzbezeichnung „Naturschutz" umrissen.

I Grundlagen

1 Begriffe und ihre Abgrenzung

Begriffe wie Naturschutz, Landschaftspflege, Landschaftsplanung, Umweltschutz, Raumforschung, Raumordnung, Raumplanung, Landesentwicklung, Landes- und Regionalplanung usw. werden im öffentlichen Leben häufig verwendet oder treten teilweise in Gesellschaft miteinander auf. Wie lassen sie sich voneinander abgrenzen?

Im Wissensgebiet der *Ökologie* werden die Beziehungen der Lebewesen untereinander und mit ihrem Lebensraum, der Umwelt, untersucht. Sie ist die Lehre vom Naturhaushalt mit all seinen Funktionen. Das bedeutet, daß sowohl Beziehungen zwischen Organismen allein (z.B. Tier–Tier bzw. Tier–Pflanze) als auch zwischen Organismen und ihrer unbelebten Umgebung (z.B. zwischen Pflanze, Wasser und Gestein) eine Rolle spielen. Dabei besteht ein vielfältig verflochtenes Netz gegenseitiger Abhängigkeiten und Kreisläufe durch Nahrungsketten (z.B. Pflanze, Tier, Mensch, Abb. 1 und 38). Durch diese netzartige Verwebung des ökologischen Zusammenhangs hat jede Störung, also jeder Eingriff z.B. durch Schwächung eines einzigen Gliedes, wie bei der Trockenlegung eines Moores oder durch Ausrottung einer Tierart, weitreichende Folgen, auch noch bei den anderen Gliedern des Naturkreislaufs, also letztlich auch für den Menschen. Leider lassen sich diese Folgen selten genau voraussagen. Daher ist es wichtig und klug, Eingriffe (z.B. Rodung, Grundwassererschließung, Jagd) nicht zu massiv, sondern zumindest am Anfang stets vorsichtig und langsam tastend sowie von quantitativen Kontrolluntersuchungen begleitet durchzuführen. So sind z.B. nach *Olschowy* (1978) allein 77% der gefährdeten Vogelarten durch die Zerstörung des Lebensraumes betroffen, ohne daß dabei wasserwirtschaftliche Eingriffe gezählt wurden. Ähnlich wie heute Vertreter der Wirtschaft zögern, in Wirtschaftsprozesse einzugreifen oder die bestehenden – wenn auch nur geringfügig – zu ändern, weil jedes halbe Prozent Änderung unabsehbare wirtschaftliche Folgen mit sich bringen kann, so ist das in noch stärkerem Maße bei der Ökologie der Fall. Durch die technisch-zivilisatorische Ausrichtung unseres Lebens sind viele Menschen heute nicht mehr gewohnt, natürlich im Sinne von naturgemäß zu denken.

Die Ökologie ist eine Art Dachwissenschaft in der Biologie. Ihre Gesetzmäßigkeiten oder Regeln einzuhalten, schützt uns vor vermeidbaren Gefahren. Dieses Wissensgebiet zu erforschen ist daher für eine hochzivilisierte Gesellschaft, welche irrtümlich vielfach glaubt, nur von technischen Errungenschaften leben zu können, von existentieller Bedeutung. Nach den Grundsätzen der Ökologie zu leben (→ Kap. 21), verschafft uns die geringstmöglichen Schwierigkeiten bei der lebensnotwendigen Nutzung der Erdoberfläche. Insofern sind *ökologische Lösungen* unserer menschlichen Probleme stets auch *ökonomisch richtig,* zumindest längerfristig. Andere Nutzung wäre Raubbau und würde sich im Laufe der Zeit zweifellos durch einen Rückschlag auf ökologischem Gebiet bemerkbar machen (vgl. Club of Rome). Ein zunächst oft erreichter wirtschaftlicher Ertrag wird dadurch sekundär häufig gemindert und stellt die Nutzungsfähigkeit der Erde in Frage.

Mit der Ökologie muß sich eine Reihe raumbedeutsamer Fachgebiete und Wissenschaften auseinandersetzen. Durch die Nutzung der Erdoberfläche, welche zur Bewältigung des Daseins in einem gewissen Grad notwendig ist, wird mit mehr oder weniger Geschick in die ökologischen Belange eingegriffen. Dabei werden das Ökosystem oder Kreisläufe der Natur (Abb. 1) gestört und teilweise auch zerstört.

Vielfach geschieht dies in Unkenntnis der ökologischen Bedingtheit unseres Lebens.

Ein Vernachlässigen dieses Wissensbereiches richtet sich gegen die Menschheit, zu deren Vorteil ja schließlich Eingriffe und Planungen vorgenommen werden. Im einzelnen spielen im Zusammenhang mit dem Naturschutz folgende Fachgebiete und Begriffe eine Rolle.

Abb. 1: Modell eines vollständigen Ökosystems mit vielfältigen Beziehungen (teilweise Kreisläufe) zwischen den verschiedenen Gliedern

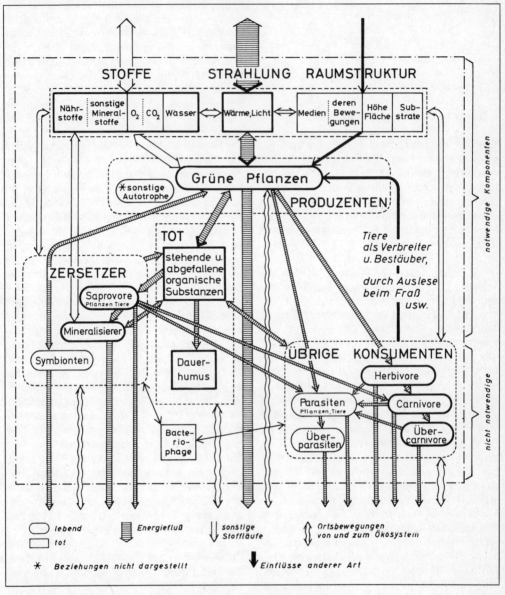

Autotroph = Organismen, welche sich ohne organische Stoffe ernähren
Saprovore = Organismen, welche abgestorbene Organismen fressen
Symbionten = Lebensgemeinschaft mit Vorteilen für beide
Bacteriophage = Viren, welche Bakterien auflösen
Herbivore = Pflanzenfresser
Carnivore = Fleischfresser

H. Ellenberg (Hrsg.): Ökosystemforschung. Berlin: Springer 1973, S. 3

Unter *Raumordnung* verstehen wir „die angestrebte Verteilung räumlicher Strukturen und Nutzungen" (*Buchwald & Engelhardt* 1978). Sie ist an gesellschaftlichen Zielen orientiert. Der Begriff wird oberhalb der Gemeindeebene verwendet. Raumordnung richtet sich daher nach den jeweiligen Interessen, also der Raumordnungspolitik, und ist daher nicht wissenschaftlich ausgerichtet. Durch Maßnahmen der *Raumplanung* wird versucht, die angestrebte Raumordnung zu erreichen. Wissenschaftlich orientiert ist dagegen die *Raumforschung*. Hierbei werden alle raumbezogenen Fakten unter Einbeziehung der Hilfswissenschaften eingesetzt. Unter Berücksichtigung der natürlichen ökologischen Voraussetzungen und der anthropogeographischen Notwendigkeiten (soziale und wirtschaftliche Gesichtspunkte) soll eine langfristige Nutzung dieses Raumes ermöglicht werden. Sie bildet die raumbezogene Ergänzung zur Ökologie, sofern es dabei nicht nur um eine Verbauung des Raumes bzw. eine „Möblierung der Landschaft" oder deren ökonomische Verwertung bzw. vermeintliche „Inwertsetzung", sondern um die naturgemäße und pflegliche Behandlung geht. Der in der Geographie verwendete Begriff der *Inwertsetzung* einer Fläche erscheint unter ökologischen Gesichtspunkten vom Ansatz her fragwürdig, weil sowohl jede Landschaft als auch deren Teile im Rahmen des gesamten Naturkreislaufes ihre Stellung oder ihren natürlichen Wert besitzen. Eine *Ver*wertung unter wirtschaftlichen Gesichtspunkten würde im Grunde lediglich eine ökonomische Vermarktung darstellen, welche auf Kosten der Natur und ihres Potentials gehen würde. Die Leistungsfähigkeit des Naturhaushalts wird dadurch geschwächt.

Wird die Raumplanung nicht für einen Raum im Sinne von geographischer Landschaft, sondern auf eine politische Größe, z.B. ein Bundesland, bezogen, spricht man bei solchen Arbeiten von *Landesplanung*. In diesem Fall ist sie mit Raumplanung identisch. Bei der Landesplanung wird sowohl nach regionalen als auch nach fachlichen Gesichtspunkten der politisch gewünschte Trend bzw. das Ziel erarbeitet. Bestimmte, meist wirtschaftliche Fördermaßnahmen sollen das betreffende Land oder Teile davon entwickeln (Landesentwicklung). Die Ziele, Maßnahmen usw. werden in einem *Landesentwicklungsplan* zusammengestellt. An der Reihenfolge der Ziele ist die in der Politik anerkannte Bedeutung zu erkennen. Auf regionaler Ebene (Region als Zusammenschluß mehrerer Kreise) werden die entsprechenden Aufgaben von der Regionalplanung durchgeführt. Sie führen zum *Regionalplan*.

Die Begriffe *Landschaftspflege* und *Landespflege* stehen in einer Art Konkurrenzverhältnis zueinander. In einer Zeit, als die Arbeit der Landschaftspflege noch auf die freie, unbebaute Landschaft, den sogenannten Außenbereich beschränkt war, wie beim Reichsnaturschutzgesetz von 1935, sollte der Begriff Landespflege die pflegliche Behandlung des gesamten Landes, also des unbesiedelten und besiedelten Gebietes, umfassen. Eine Trennung zwischen Stadtlandschaft und freier Landschaft erscheint wenig sinnvoll, da beide Bereiche zusammengehören und beide gepflegt werden müssen. Weiterhin stehen genügend andere Begriffe zur Verfügung, um ggf. die verschiedenen Pflegearbeiten in der Landschaft zu benennen. In einigen neuen Gesetzen ist diesem Umstand auch Rechnung getragen.

Landschaftsplanung ist der ökologische Beitrag (Fachplan), welcher zusammen mit anderen raumrelevanten Planungen zu den entsprechenden Entwicklungsplänen auf Landes- bzw. Regionalebene gehört (→ Kap.8). Die staatliche Landschaftsplanung wurde erst in den letzten Jahren entwickelt. Um die Erde auf Dauer nutzbar zu erhalten, d.h. um eine Übernutzung z.B. durch Raubbau bzw. zu starke Verbauung zu vermeiden, ist es notwendig, Landschaftsplanung durchzuführen. Mit Hilfe wissenschaftlicher Gutachten werden die Behörden über die jeweiligen Fachprobleme informiert. Sie entwerfen – ggf. unter Mithilfe privater Landschaftsplaner – aufgrund dieser Unterlagen und der politischen Zielvorstellungen die Landschaftspläne (→ Kap.8).

Landschaftsökologie (*Troll* 1939) beschäftigt sich mit ökologischen Problemen in (begrenzten) Landschaften. Hierbei sind biologisch-ökologische und erdwissenschaftliche Aspekte vereint. Wenn daher *Buchwald & Engelhardt* (1978) Landschaft*pflege* als „die Wissenschaft vom Haushalt der Landschaftsräume" definieren, vermindert sich dadurch

die Schärfe der Trennung zur Landschaftsökologie. Daher sollte Landschaftspflege zukünftig als die praktische Arbeit aufgrund wissenschaftlicher landschaftsökologischer Untersuchungen definiert werden.
Umweltforschung ist die Wissenschaft von der Erforschung unserer Umwelt und kann teilweise mit *Geoökologie* gleichgesetzt werden, sofern die technischen Belange (Messung der Schadstoffe, Erarbeitung umweltfreundlicher Techniken usw.) eingeschlossen werden.
Umweltschutz umfaßt alle vom Staat bis zu den Kommunen, von der Wirtschaft und von privater Seite ergriffenen politischen, planerischen und technischen Maßnahmen, um die Umwelt nachhaltig nutzbar und lebenswert zu erhalten oder durch ökologische Fördermaßnahmen wieder verwendbar zu gestalten.
Dabei wird der staatliche Umweltschutz meist in einen ökologischen und in einen technischen Teil gegliedert. Der eine hat u.a. die Aufgabe, auf ökologische Veränderungen zu achten (z.B. Aussterben von Pflanzen- und Tierarten), während der andere die Auswirkungen technisch-zivilisatorischer und medizinischer Art untersucht (z.B. SO_2-Belastung der Luft). Diese Aufgaben werden vom Umweltbundesamt bzw. von den Landesämtern oder -anstalten für Umweltschutz wahrgenommen. In der Umweltforschung spielt daher neben der „klassischen" Ökologie auch noch der technische Nachweis von Veränderungen in der belebten und unbelebten Umwelt eine wichtige Rolle.
Naturschutz ist eine Art angewandte Ökologie. Der Ausdruck, ursprünglich aus Liebe und Verantwortung für die Natur geprägt, wurde von wissenschaftlicher und privater Seite weiterentwickelt (→ Kap.2). Seitdem der Staat die Bedeutung von Naturschutz (und Landschaftspflege) erkannt hat, werden diese Aufgaben durch Gesetze, Verordnungen usw. geregelt (→ Kap.3). Dadurch wird auch von Verwaltungsseite her versucht, den Naturkreislauf, die Nutzungsfähigkeit der Naturgüter und die Schönheit von Natur und Landschaft trotz aller wirtschaftlichen Eingriffe des Menschen weiterhin zu erhalten bzw. zu sichern. Diese juristische Seite muß allerdings durch Praktiker in die Tat umgesetzt werden, wenn die rechtlichen Anweisungen in der Natur verwirklicht werden sollen. Die Vereine des nichtstaatlichen (privaten) Naturschutzes und die ökologischen Wissenschaften geben nach wie vor wertvolle und praktische Anstöße auch für die staatliche Naturschutzarbeit. Sie tragen im wesentlichen die Erforschung des Naturhaushalts.
Das Verhältnis der genannten Fachgebiete zueinander ist im Rahmen der Verwaltung gewissen Schwankungen unterworfen. Dabei spielen die jeweiligen politischen Prioritäten eine Rolle. Ungeachtet aller politischen Tagesströmungen darf festgestellt werden: Unser Leben auf der Erde wird um so reibungsloser und problemloser erfolgen, je gewissenhafter wir die wissenschaftlich ermittelten Gesetze der Ökologie beachten und danach handeln. Die Kurven zwischen der problematischen Bevölkerungszunahme und dem Aussterben von Tierarten verlaufen gegenläufig.

Aufgaben:
1. Warum wurden raumbedeutsame Planungen erst in diesem Jahrhundert bzw. seit Mitte dieses Jahrhunderts nötig, d.h., warum konnte die Verwaltung die Eingriffe in die Natur (z.B. Bauen) nicht mehr „planlos" zulassen?
2. Welche Probleme aus dem Bereich a) des Naturschutzes, b) des Umweltschutzes sind in Ihrer Heimat (Stadt) aktuell?

2 Zur Geschichte des Naturschutzes

Naturschutz und Landschaftspflege entwickelten sich u.a. aus Vorläufern gärtnerischer Arbeit, die sich bis ins 18. Jahrhundert zurückverfolgen lassen (*Parkgestaltung* in Deutschland erstmals durch Fürst von Anhalt-Dessau in Wörlitz östlich von Dessau). Im Gegensatz zu den künstlichen Gärten der vorausgegangenen Barockzeit sollte damals wieder eine natürlichere, aber doch gepflegte Landschaft entstehen. Für den Naturschutzgedanken erwiesen sich jedoch die wachsenden naturwissenschaftlichen Erkenntnisse, besonders diejenigen des Fachgebiets Biologie, als entscheidend. Im Zuge steigender Zivilisationsbestrebungen und wachsender Industrialisierung entstand aus bescheidenen Anfängen und mit Unterstützung weitsichtiger Idealisten, Mäzene und Wissenschaftler eine naturnahe Denkart. Diese Menschen standen schon im letzten Jahrhundert dem ständigen technischen Fortschritt bzw. den laufenden Entwicklungsmaßnahmen von Verwaltung und Wirtschaft deshalb kritisch oder skeptisch gegenüber, weil sie an den Störungen im Naturhaushalt, besonders am Verlust von Pflanzen- und Tierarten erkannten, daß der eingeschlagene Weg für die Erhaltung unserer Lebensgrundlagen immer gefährlicher wurde.

So führte der Gesteinsabbau am Drachenfels bei Bonn zur Entstehung des ersten deutschen *Naturschutzgebiets*. Das Grundstück wurde vom preußischen Staat aufgekauft und im Jahre 1836 geschützt. 1866 führte *Haeckel* den Begriff *Ökologie* in die Wissenschaft ein. Ein bewußter Schutz der Natur – neben einzelnen Abwehrmaßnahmen wie z.B. am Drachenfels – geht auf Prof. *E. Rudorff* in Berlin zurück. In seinem Tagebuch erscheint 1866 erstmals das Wort *Naturschutz*. Darunter verstand er sowohl Pflege und Erhalt von Naturdenkmälern als auch Landschaftspflege. Nach dem Vorbild der US-amerikanischen Nationalparks (1872 Yellowstone-Nationalpark) wurden bereits 1889 auch bei uns „Staatsparke" gefordert. Bis zur Verwirklichung in der Rechtsform von Naturparken bzw. Nationalparken (→ Kap. 15) vergingen noch viele Jahrzehnte.

Gegen Ende des 19. Jahrhunderts befaßten sich Vorkämpfer des Naturschutzes vor allem mit der Aufnahme und Inventarisierung von *Naturdenkmälern* (→ Kap. 9). Sie wurde in Preußen durch den zunächst in Danzig tätigen Museumsdirektor Dr. *Conventz* angeregt und begonnen. Besonders die schönen, alten und kennzeichnenden Einzelbäume, welche auf verschiedenste Weise gefährdet waren, sollten wegen ihrer naturwissenschaftlichen und auch historischen Bedeutung der Nachwelt erhalten bleiben. Durch seine Arbeiten über Bäume als Naturdenkmäler bekannt geworden, wurde *Conventz* im Jahre 1906 der erste Leiter der „Staatlichen Stelle für Naturdenkmalpflege in Preußen". Zwei Jahre später wurde sie nach Berlin verlegt. Ebenfalls 1906 entstand in Bayern der halbamtliche „Landesausschuß für Naturpflege" und 1908 in Württemberg der ehrenamtliche „Landesausschuß für Natur- und Heimatschutz".

Um die Jahrhundertwende erfolgte die Gründung einer ganzen Reihe von *Vereinen*, welche sich dem Naturschutzgedanken und auch seiner praktischen Arbeit verschrieben. 1899 wurde z.B. der „Deutsche Bund für Vogelschutz" gegründet, 1901 der „Wandervogel", 1909 der „Verein Naturschutzpark" und 1913 der „Bund für Naturschutz in Bayern". Diese und viele andere Vereine bzw. naturwissenschaftliche Gesellschaften sorgten auf ihre Weise dafür, daß die Erkenntnisse der aufstrebenden Naturwissenschaften in breitere Kreise getragen wurden und vor allem, daß die immer stärkeren Eingriffe in ihren Auswirkungen auf den Naturhaushalt und die Gefahren für diesen bekannt wurden. Hier war es zunächst der *Artenschutz*, der im Vordergrund stand. Durch die wachsende Zahl gefährdeter Pflanzen- und Tierarten wurde erkannt, was dem Naturhaushalt und damit der Menschheit droht, wenn diese Entwicklung anhält. Die Orchideen unter den Pflanzen und die Vögel unter den Tieren fanden als schnelle Anzeiger kritischer Situationen besonderes Interesse.

Das Zusammenwirken von Wissenschaftlern, Vereinen und staatlichen Stellen führte schließlich zu dem Erfolg, daß *sowohl Naturdenkmäler als auch die Landschaft* in der Reichsverfassung von 1919 den *Schutz und die Pflege des Staates* genießen (Artikel 150 [1]). Die weitere Entwicklung vollzog sich rascher. In den Ländern wurden amtliche Stellen für Naturschutz eingerichtet (z.B. 1920 halbamtlich, 1922 vollamtlich in Württemberg mit Prof. Dr. H. *Schwenkel*). 1920 erfolgte die Gründung des ersten *Planungsverbandes* in einem Industriegebiet, des „Siedlungsverbandes Ruhrkohlenbezirk", um die im dichtbesiedelten Industriegebiet notwendigen landschaftspflegerischen Aufgaben zu lösen. Die Verabschiedung des Preußischen Uferschutzgesetzes erfolgte 1922. 1935 wurde das Reichsnaturschutzgesetz verabschiedet und die „Preußische Stelle für Naturdenkmalpflege" in Berlin in die „Reichsstelle für Naturschutz" umgewandelt. Entsprechend gab es in den einzelnen Ländern für die staatliche Naturschutzarbeit die Landesstellen für Naturschutz und auf Kreisebene die Kreisstellen für Naturschutz. Außer dem Artenschutz (→ Kap. 3 und 18) wurde durch das Gesetz besonders der Flächenschutz (→ Kap. 15) neu eingeführt, um Naturschutzgebiete, Landschaftsschutzgebiete, Naturdenkmäler und geschützte Landschaftsbestandteile rechtlich schützen zu können. Dieser gesetzliche Schutz allein reichte jedoch nicht aus. Nach dem Zweiten Weltkrieg wurde der Verwaltung offenbar, was weitsichtige Männer bereits in den 30er Jahren propagiert hatten, nämlich, daß es notwendig ist, nicht nur konservativ-schützend, sondern auch *aktiv die Landschaft zu gestalten*. Die zahllosen Eingriffe des wirtschaftenden Menschen hatten stellenweise das organische Zusammenwirken im Naturhaushalt gestört, so daß dort ein neues und umfassendes Konzept entwickelt werden mußte. Deshalb haben die Ländergesetze und schließlich auch das Bundesgesetz (→ Kap. 3) die landschaftspflegerische Seite mit dem *Landschaftsplan* (→ Kap. 8 und 18) neu aufgenommen.

Die gesamte natürliche wildwachsende Pflanzenwelt und die freilebende Tierwelt sollen sich in einer möglichst naturnahen Landschaft entwickeln. Ein guter Teil der dadurch möglich gewordenen Maßnahmen zur Sicherung des Naturhaushaltes wurde jedoch durch die der Industrie nachgeahmten Rationalisierungsmaßnahmen in der Landwirtschaft (Mansholt-Plan der EG) und durch Auswüchse der Überbauung vereitelt. So muß zukünftig versucht werden, im Rahmen der Landschaftspflege die größten Schäden zu mildern und dort, wo noch möglich, Verbesserungen zu erreichen.

Durch § 29 Bundesnaturschutzgesetz erhält jeder Naturschutzverein unter bestimmten Bedingungen das Recht, von der Verwaltung angehört zu werden und sein Wissen in die Behördenarbeit einzubringen. Die Arbeit des privaten Naturschutzes hat durch diese Anerkennung ihre vorläufige Krönung erfahren. Er ist auf diese Weise bei der Gestaltung unserer Zukunft mitverantwortlich tätig. Das Wissen und das Engagement zu praktischer Arbeit der Millionen Mitglieder kann dadurch für die zukünftige Gestaltung unserer Umwelt eingesetzt werden.

Welchen Faktor heute der private Naturschutz darstellt, zeigen die Zusammenschlüsse der Verbände auf Bundes- und Landesebene (→ Kap. 4). Die Zahl der Mitglieder, die Fläche des Grundbesitzes, die ehrenamtliche Arbeit zur Überwachung der Schutzgebiete bzw. Biotope, die Maßnahmen zur Pflege und die Arbeiten zur Erforschung der Pflanzen- und Tierwelt sowie der ökologischen Zusammenhänge sind deutliches Zeichen des Engagements für die Erhaltung und die nachhaltige Sicherung eines gesunden Naturhaushalts. Keine Wirtschaft und keine Technik können diese Arbeit ersetzen bzw. den Naturhaushalt retten. Sie sind höchstens in der Lage, durch Hilfsmaßnahmen die stärksten Schäden, welche sie selbst in der Vergangenheit bewirkt haben, zu mildern. Die verstärkte Beschäftigung mit den Wissenschaften Biologie, Ökologie und Naturschutz und die Umsetzung der wissenschaftlichen Ergebnisse sind daher eine Existenzfrage. Dabei ist es zukünftig wichtig, nicht nur Laborarbeit, sondern vor allem Geländearbeit (u. a. Pflanzen- und Tierbestimmung) durchzuführen. Zwar sind wir über viele Grundlagen auf biologischem Gebiet gut informiert (z. B. Artenkenntnis), jedoch fehlen uns noch sehr viele Unterlagen über die *zahlenmäßigen Zusammenhänge* auf ökologischem Gebiet in den einzelnen Landschaften. Hier mitzuarbeiten bedeutet, unsere Existenz sichern zu helfen (z. B. *Makowski* 1956, Jugendlager der Naturschutzvereine, Wettbewerb „Jugend forscht").

Aufgaben:
1. Warum kam der Naturschutz erst mit wachsender Industrialisierung auf (Emissionen, Bevölkerungsvermehrung, Bauen)?
2. Warum sind ausgestorbene bzw. aussterbende Tiere (z. B. Storch, Birkwild, Bär) ein Anzeichen für gestörten Naturhaushalt? Wodurch sind die Störungen verursacht worden?
3. Welche Naturschutzgebiete, Naturdenkmale bzw. Naturschutzarbeiten kennen Sie aus Ihrer Heimat?

3 Die rechtliche Seite

Die jahrzehntelangen intensiven Bemühungen von Idealisten und Vereinen und die vielfältigen Forschungsarbeiten von Wissenschaftlern zugunsten von Ökologie, Naturschutz und Landschaftspflege würden sich im täglichen und besonders im öffentlichen und wirtschaftlichen Leben unseres Staates wohl noch weniger niederschlagen, wenn sich nicht die Verwaltung und schließlich auch der Gesetzgeber dieser Materie angenommen hätten. Neben der ökologischen haben Naturschutz und Landschaftspflege durch die Gesetzgebung auch eine wichtige rechtliche Bedeutung in unserer Gesellschaft. Dieses notwendige Zusammenwirken von Naturwissenschaften und Recht zugunsten der Zukunftssicherung läßt sich hier aufzeigen. Allerdings sind diesen Bemühungen dadurch Grenzen gesetzt, daß sich im politischen Bereich nur das in Rechtsform, also in Gesetze umsetzen läßt, was im Parlament eine Mehrheit findet. Um diese wiederum zu erhalten, ist viel Information und Einsicht notwendig. Naturschutz bringt dem allein wirtschaftlich ausgerichteten Menschen nicht nur nichts, sondern behindert die bisher oft übliche Vermarktung der Natur, welche bisher fast nichts oder wenig kostete (Nulltarif). Trotz der nachstehend angeführten Gesetze erfordert es auf rechtlichem Gebiet noch viel Arbeit und bei der Bevölkerung viel Einsicht, einen funktionsfähigen und gesunden Naturhaushalt zu sichern.

Wie sollte inmitten einer Industriegesellschaft, in welcher oft nur finanzielle Gesichtspunkte eine Rolle spielen, sich ein Fachgebiet durchsetzen, dessen Erfolge sich erst in der Zukunft zeigen und das so stark auf ideelle und besonders auf ökologische Ziele eingestellt ist! Diese Ziele lassen sich in der Regel nicht mit den Maßeinheiten der Industriegesellschaft messen.

Spätestens seit dem Buch von *R. Carlson*, „Der stumme Frühling" haben auch höchste politische Kreise die Bedeutung ökologischer Fragen erkannt. Eine moderne Gesetzgebung berücksichtigt daher die Ergebnisse ökologischer Forschung, um dem ökologischen Ruin – zumindest rechtlich – vorzubeugen. So sind die „Ziele des Naturschutzes und der Landschaftspflege" in § 1 des „Gesetz über Naturschutz und Landschaftspflege (Bundesnaturschutzgesetz – BNatSchG)" vom 20.12.1976 und in § 1 des baden-württembergischen „Gesetz zum Schutz der Natur, zur Pflege der Landschaft und über die Erholungsvorsorge in der freien Landschaft (Naturschutzgesetz – NatSchG)" vom 21.10.1975 deutlich formuliert. Die rechtliche Fixierung, welche erstmals durch das Reichsnaturschutzgesetz im Jahr 1935 erfolgte, geschah in der Erkenntnis, daß die Entwicklung auf der Erde und die wirtschaftliche Inanspruchnahme der Natur und ihrer Güter nicht endlos in der bisherigen Form weitergehen darf. Um die Lebensbedingungen trotz der wirtschaftlichen Verwertung von Naturgütern zu erhalten, um den fortschreitenden Landverbrauch zu drosseln und besonders um das ökologisch bedenkliche Aussterben weiterer Pflanzen- und Tierarten zu verhindern, sah sich der Gesetzgeber veranlaßt einzugreifen. Vielfach führen jedoch wirtschaftliche und soziale Probleme leider immer wieder dazu, die ökologischen Belange im Zuge politischer „Abwägung" zurückzustellen. Solche Kompromisse können ökologisch nicht endlos gutgehen und führen zu der Forderung nach *ökologischen Bilanzen* (z.B. *German* 1977a; → Kap. 8 und 19). In diesem Zusammenhang ist zu berücksichtigen, daß ein Gesetz üblicherweise nicht alles bis ins kleinste Detail regelt. Dazu bedarf es zusätzlicher Verordnungen, Erlasse und Hinweise, um den verschiedenen Verwaltungsinstanzen (Abb. 2) und auch dem letztendlich interessierten bzw. betroffenen Bürger zu zeigen, wie das Gesetz im einzelnen auszuführen ist. Bei der Interpretation dieser Vorschriften können natürlich unterschiedliche Meinungen aufkommen, welche u.U. schließlich vor den Verwaltungsgerichten auszutragen sind. Es muß hier ausdrücklich darauf hingewiesen werden, daß die Rechtszersplitterung auf dem Gebiet von Naturschutz und Landschaftspflege innerhalb der einzelnen Bundesländer recht groß ist. In einigen Bundesländern gilt als Landesrecht noch das Reichsnaturschutzgesetz von 1935, in anderen sind Landschaftspflegegesetze verkündet und wieder andere verfügen über neuere Naturschutzgesetze.

Das BNatSchG ist ein *Rahmengesetz* aufgrund des geltenden Verfassungsrechts in Art. 75 Abs. 1 Nr. 3 GG. Den darin festgelegten rechtlichen Rahmen haben die einzelnen Bundesländer auszufüllen und bereits bestehende Regelungen bei Naturschutz und Landschaftspflege an das Rahmengesetz des Bundes anzupassen. Im BNatSchG finden wir folgende Schwerpunkte bzw. Änderungen gegenüber früher:

– Die *gesamte Natur und Landschaft* (§ 1 [1]) einschließlich der besiedelten Teile ist in den Geltungsbereich einbezogen (Tab. 1).
– Der *Naturhaushalt* (§ 1 [1], Z. 1) ist leistungsfähig zu erhalten. Damit wurde ein wichtiger Begriff aus der Ökologie verwen-

Tab. 1: *Ziele des Naturschutzes und der Landschaftspflege nach § 1 des Gesetzes über Naturschutz und Landschaftspflege (Bundesnaturschutzgesetz – BNatSchG) vom 20. Dezember 1976*

§ 1 Ziele des Naturschutzes und der Landschaftspflege

(1) Natur und Landschaft sind im besiedelten und unbesiedelten Bereich so zu schützen, zu pflegen und zu entwickeln, daß
1. die Leistungsfähigkeit des Naturhaushalts,
2. die Nutzungsfähigkeit der Naturgüter,
3. die Pflanzen- und Tierwelt sowie
4. die Vielfalt, Eigenart und Schönheit von Natur und Landschaft

als Lebensgrundlagen des Menschen und als Voraussetzung für seine Erholung in Natur und Landschaft nachhaltig gesichert sind.
(2) Die sich aus Absatz 1 ergebenden Anforderungen sind untereinander und gegen die sonstigen Anforderungen der Allgemeinheit an Natur und Landschaft abzuwägen.
(3) Der ordnungsgemäßen Land- und Forstwirtschaft kommt für die Erhaltung der Kultur- und Erholungslandschaft eine zentrale Bedeutung zu; sie dient in der Regel den Zielen dieses Gesetzes.

Bundesgesetzblatt, Jg. 1976, Tl. I, S. 3574

det, so daß die Reichweite des neuen Gesetzes viel weiter geht als die bisherige im Reichsnaturschutzgesetz. Dort beschränkte man sich zumeist auf optische Gesichtspunkte, wie z. B. das Landschaftsbild.
– Die allgemeinen *Grundsätze der Naturschutzarbeit* sind in § 2 angeführt (Tab. 2).
– *Alle* Behörden und öffentlichen Stellen haben mitzuwirken, die Ziele von Naturschutz und Landschaftspflege (Tab. 1) zu verwirklichen (§ 1 und § 3 [2] Satz 1). Die Naturschutzgesetze gelten damit nicht nur für die Naturschutzverwaltung, sondern für alle Behörden und für jeden Bürger.
– Bei der *Vorbereitung aller öffentlichen Planung* und bei den Maßnahmen, welche „die Belange des Naturschutzes und der Landschaftspflege berühren können"(!), sind die für Naturschutz und Landschaftspflege zuständigen Behörden zu unterrichten und anzuhören (§ 3 [2] Satz 2). Umgekehrt hat die Naturschutzverwaltung bei eigenen Planungen und Maßnahmen, welche andere Dienststellen berühren können, diese ebenso zu beteiligen (§ 3 [3]).
– Die *Landschaftsplanung* (§§ 5–7) wird eingeführt (→ Kap. 8).
– *Eingriffe*, d. h. Veränderungen in *Natur und Landschaft* unterliegen der behördlichen Kontrolle (§ 8). Nach dem Verursacherprinzip ist der Schaden, welchen Natur und Landschaft erleiden, nach Möglichkeit auszugleichen (Ausgleichsprinzip, → Kap. 10).
– Die *Schutzgebiete* (Schutzkategorien IV. Abschnitt mit §§ 12–19) *sind bundeseinheitlich festgelegt* (→ Kap. 15).
– Der Schutz von Pflanzen und Tieren, der sog. *Artenschutz,* ist im V. Abschnitt (§§ 20–26) geregelt (→ Kap. 19).
Der Erholung in Natur und Landschaft mit dem *Betretungsrecht* ist der VI. Abschnitt gewidmet, während die „Mitwirkung von Verbänden, Ordnungswidrigkeiten und Befreiungen" im VII. Abschnitt angeführt werden.
Als Rahmengesetz hat das Bundesnaturschutzgesetz nicht alle Sachbereiche geregelt. Diese müssen daher durch Landesgesetze vervollständigt werden. Soweit in diesem Zusammenhang auf solche Sachbereiche zurückgegriffen werden muß, werden hier die einschlägigen Bestimmungen des NatSchG (von Baden-Württemberg) zitiert.
Wie bei allen Gesetzen wird auch gegen die Naturschutzgesetze leider fahrlässig oder vorsätzlich verstoßen. Deshalb ist ein Paragraph über Ordnungswidrigkeiten (BNatSchG § 30) eingefügt. Dies sind Vergehen, welche auch durch Behörden bereinigt werden können, also keine von einem Gericht zu ahndenden Verbrechen. Das Naturschutzgesetz von Baden-Württemberg bringt hierzu vielfach detailliertere Angaben als das Bundesgesetz und auch höhere Gebühren, nämlich bis zu 100000,– DM. Die wichtigsten Ordnungswidrigkeiten sind in stark vereinfachter Form in Tab. 18 aufgezählt. Der tiefere Hintergrund dieser stattlichen Liste wird oft erst beim Studium ökologischer Fragen bzw. bei Berücksichtigung des Artenschutzes und der gesamten Zusammenhänge des Naturhaushalts deutlich. Wenn bedauerlicherweise immer wieder gegen ökologische Grundsätze verstoßen wird, so ist dies meist ein Zeichen

Tab. 2: *Grundsätze des Naturschutzes und der Landschaftspflege im Bundesnaturschutzgesetz*

§ 2 Grundsätze des Naturschutzes und der Landschaftspflege

(1) Die Ziele des Naturschutzes und der Landschaftspflege sind insbesondere nach Maßgabe folgender Grundsätze zu verwirklichen, soweit es im Einzelfall zur Verwirklichung erforderlich, möglich und unter Abwägung aller Anforderungen nach § 1 Abs. 2 angemessen ist:

1. Die Leistungsfähigkeit des Naturhaushalts ist zu erhalten und zu verbessern; Beeinträchtigungen sind zu unterlassen oder auszugleichen.
2. Unbebaute Bereiche sind als Voraussetzung für die Leistungsfähigkeit des Naturhaushalts, die Nutzung der Naturgüter und für die Erholung in Natur und Landschaft insgesamt und auch im einzelnen in für ihre Funktionsfähigkeit genügender Größe zu erhalten. In besiedelten Bereichen sind Teile von Natur und Landschaft, auch begrünte Flächen und deren Bestände, in besonderem Maße zu schützen, zu pflegen und zu entwickeln.
3. Die Naturgüter sind, soweit sie sich nicht erneuern, sparsam zu nutzen; der Verbrauch der sich erneuernden Naturgüter ist so zu steuern, daß sie nachhaltig zur Verfügung stehen.
4. Boden ist zu erhalten; ein Verlust seiner natürlichen Fruchtbarkeit ist zu vermeiden.
5. Beim Abbau von Bodenschätzen ist die Vernichtung wertvoller Landschaftsteile oder Landschaftsbestandteile zu vermeiden; dauernde Schäden des Naturhaushalts sind zu verhüten. Unvermeidbare Beeinträchtigungen von Natur und Landschaft durch die Aufsuchung und Gewinnung von Bodenschätzen und durch Aufschüttung sind durch Rekultivierung oder naturnahe Gestaltung auszugleichen.
6. Wasserflächen sind auch durch Maßnahmen des Naturschutzes und der Landschaftspflege zu erhalten und zu vermehren; Gewässer sind vor Verunreinigungen zu schützen, ihre natürliche Selbstreinigungskraft ist zu erhalten oder wiederherzustellen; nach Möglichkeit ist ein rein technischer Ausbau von Gewässern zu vermeiden und durch biologische Wasserbaumaßnahmen zu ersetzen.
7. Luftverunreinigungen und Lärmeinwirkungen sind auch durch Maßnahmen des Naturschutzes und der Landschaftspflege gering zu halten.
8. Beeinträchtigungen des Klimas, insbesondere des örtlichen Klimas, sind zu vermeiden, unvermeidbare Beeinträchtigungen sind auch durch landschaftspflegerische Maßnahmen auszugleichen oder zu mindern.
9. Die Vegetation ist im Rahmen einer ordnungsgemäßen Nutzung zu sichern, dies gilt insbesondere für Wald, sonstige geschlossene Pflanzendecken und die Ufervegetation; unbebaute Flächen, deren Pflanzendecke beseitigt worden ist, sind wieder standortgerecht zu begrünen.
10. Wildwachsende Pflanzen und wildlebende Tiere sind als Teil des Naturhaushalts zu schützen und zu pflegen.
11. Für Naherholung, Ferienerholung und sonstige Freizeitgestaltung sind in ausreichendem Maße nach ihrer natürlichen Beschaffenheit und Lage geeignete Flächen zu erschließen, zweckentsprechend zu gestalten und zu erhalten.
12. Der Zugang zu Landschaftsteilen, die sich nach ihrer Beschaffenheit für die Erholung der Bevölkerung besonders eignen, ist zu erleichtern.

(2) Durch Landesrecht können weitere Grundsätze aufgestellt werden.

Bundesgesetzblatt, Jg. 1976, Tl. I, S. 3574

mangelnder Information oder Unüberlegtheit. Im Zeitalter der Technik ist es noch wichtiger als früher, das eigene Tun und Lassen auf die Funktionsfähigkeit des Naturkreislaufes einzustellen und alles zu vermeiden, was die Natur schädigen *könnte*. Nur durch nachdrückliches und ökologisch richtiges Verhalten eines jeden können wir die Umweltbelastungen, soweit sie wirklich unvermeidbar sind, auszugleichen versuchen, um unsere Zukunft zu sichern.

Trotz Absicherung durch Gesetze sind aber keineswegs alle ökologischen Probleme rechtlich gelöst. Ein Teil davon kann vielleicht im Rahmen weiterer Gesetzgebung in Zusammenhang mit dem Umweltschutz vorangetrieben werden (Umweltrecht). Umfassend dürfte dies aber kaum möglich sein. Deshalb kommt es auf jeden einzelnen an, sich *immer und überall ökologisch richtig zu verhalten* (→ Kap. 21). Die ökologische Einsicht und nicht nur der rechtliche Hintergrund sollte künftig das Leitbild für alle Menschen sein. Diese hoffentlich bald selbstverständliche

Denkweise zum größten Problem unserer Gesellschaft ist eine wahrhaft *soziale Aufgabe* im eigentlichen Sinn für jeden Bürger.

Aufgaben:
1. Welche Bestimmungen (Gesetze, Verordnungen usw.) wirken sich (noch) gegen ökologische Ziele bzw. pflegliche Nutzung der Natur aus?
2. Welche Eingriffsarten können durch Beispiele aus dem Heimatkreis belegt werden?
3. Bei welchen Eingriffen wird (noch) keine Rekultivierung betrieben?
4. Welche Ordnungswidrigkeiten haben Sie früher unwissend begangen?

4 Naturschutzverwaltung und -organisationen

Jahrzehnte ehe der Staat die Notwendigkeit sah, zugunsten der Natur einzugreifen und den Naturschutz in seinen Aufgabenbereich zu übernehmen, schlossen sich bereits Interessenten und Freunde der Natur, Mäzene und Wissenschaftler auf privater Ebene zusammen. Im Deutschen Naturschutzring (DNR) sind heute ca. 100 Einzelvereine mit über drei Millionen Mitgliedern vereinigt. Die einzelnen Vereine, nichtstaatlicher „privater Naturschutz" (Abb. 2), haben sich trotz bestimmter Schwerpunkte der Eigenarbeit inzwischen weitgehend der gesamten Naturschutzarbeit verschrieben. Manche dieser Vereine besitzen große Grundstücke, teilweise mit Eigenjagdbezirken (bei über 75 ha Fläche). Neben der Überwachung und Beobachtung dieser Flächen durch Naturschutzwarte führen sie darauf vor allem Biotoppflege bzw. Landschaftspflege durch (→ Kap. 18). Auf diese Weise und durch Entwicklung geeigneter landschaftspflegerischer Methoden haben solche Vereine richtungweisend gewirkt.

In der Bundesrepublik können nach dem Bundesnaturschutzgesetz § 29 rechtsfähige Vereine, welche vorwiegend die Ziele von Naturschutz und Landschaftspflege fördern, staatlich anerkannt werden. Sie haben dann das Recht, sich zu den im Gesetz bezeichneten Vorgängen zu äußern.

Allerdings haben diese Äußerungen stets nur empfehlenden Charakter. Nur eine Naturschutzbehörde kann sie in rechtswirksame Anordnungen umsetzen, sofern sie den Vorschlag für zweckmäßig erachtet. Deshalb kämpft der nichtstaatliche Naturschutz um das „Klagerecht". Dies soll dazu dienen, Entscheidungen von Behörden, welche nach Ansicht der Verbände unrichtig oder ökologisch fragwürdig sind, durch Gerichtsbeschluß aufheben zu lassen. Gegenwärtig werden diese Bestrebungen sowohl von den meisten Bundesländern, welche in der *L*änder-*A*rbeitsgemeinschaft *Na*turschutz (LANA) zusammengeschlossen sind, wie auch von der Bundesregierung aus grundsätzlichen rechtlichen Erwägungen abgelehnt.

In Baden-Württemberg sind über 30 Einzelvereine in der „Aktionsgemeinschaft Natur- und Umweltschutz Baden-Württemberg e. V."

Verwaltungsebenen	Körperschaften		
obere	Land	Fachbehörden für Naturschutz und Landschaftspflege	
		Landesanstalt für Umweltschutz (LfU) Institut für Ökologie und Naturschutz (IÖN)	Fachliche Beratung / Dienst- u. Fachaufsicht
mittlere	Regierungsbezirk	Bezirksstelle für Naturschutz und Landschaftspflege (BNL)	Fachliche Beratung / Mittelbewirtschaftu. / Fahrbereitschaft us
untere	Kreis	Naturschutzbeauftragter (NB) ehrenamtlich, an fachl. Weisungen nicht gebunden	Fachliche Beratung / Verwaltungsmäßige Angliederung

Entwurf: Bezirksstelle f. Naturschutz u. Landschaftspflege, Tübingen

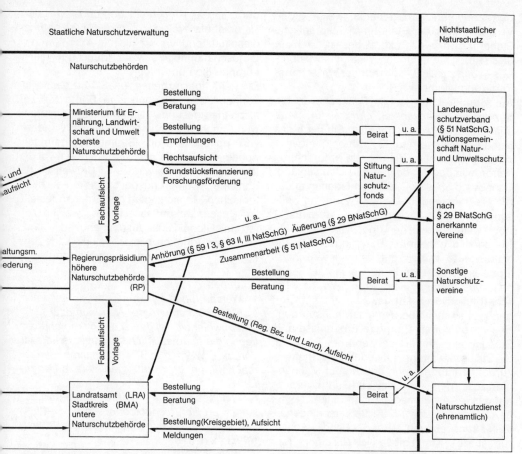

Abb. 2: *Gliederung des Naturschutzes in Baden-Württemberg auf den verschiedenen Verwaltungsebenen mit den rechtlichen und verwaltungsmäßigen Beziehungen nach Naturschutzgesetz*

zusammengeschlossen. Sie erhielt im Jahr 1976 als Zusammenschluß der Naturschutzvereine die Anerkennung als *Landesnaturschutzverband*.
Auch *Der Rat von Sachverständigen für Umweltfragen* beim Bundesministerium des Innern befaßt sich u. a. mit Problemen des Naturschutzes, der Landschaftspflege sowie der räumlichen und städtischen Entwicklungsplanung in seinen 1974 und 1978 erstellten Umweltgutachten. Hier werden von 12 unabhängigen Sachverständigen die Probleme unserer Umwelt abgehandelt (z.B. Ziele der Umweltpolitik, die Medien Luft und Wasser, ferner Lebensmittel, Lärm, Abfälle, wirtschaftliche, rechtliche und planerische Aspekte neben den hier interessierenden ökologischen).

Außerdem werden im Anhang methodische Hilfsmittel zur Informationsgewinnung genannt. Ähnlich soll bis zum Jahr 1982 bei der UN ein Bericht über den „Zustand der Umwelt" angefertigt werden.
Der ehrenamtliche *Deutsche Rat für Landespflege* ist ein Gremium von 17 unabhängigen Persönlichkeiten aus dem Bereich von Kultur, Politik, Wirtschaft und Landespflege. Er untersucht grundsätzliche und aktuelle, z.B. regionale Probleme der Landespflege in der Bundesrepublik und übermittelt das Ergebnis in Gutachten an die zuständigen Behörden, z.B. an den Ministerpräsidenten des betreffenden Bundeslandes. Anschließend werden die Ergebnisse in einer eigenen Schriftenreihe veröffentlicht. Bei allen diesen Plänen

und Berichten wird deutlich, welch große Verantwortung der Staat für die ökologische Sicherung unserer Zukunft besitzt. Er kann diese Arbeit nicht nur der Privatinitiative überlassen und sich z. B. nicht nur der Wirtschaftsförderung widmen.

Auf Bundesebene ist als Fachbehörde die *Bundesforschungsanstalt für Naturschutz und Landschaftsökologie* tätig. Sie berät das Bundesministerium für Ernährung, Landwirtschaft und Forsten, die oberste Naturschutzbehörde in der Bundesrepublik Deutschland. Daneben gibt es für die verschiedenen anderen Teilbereiche des Natur- und Umweltschutzes (Luft, Wasser, Boden, Lärm usw.) noch weitere Behörden und Dienststellen.

Neben den genannten Beratungsstellen für Naturschutz, welche mit Naturwissenschaftlern ausgestattet sind und welche als *Fachbehörden* (vgl. Forstverwaltung, Wasserwirtschaft, Landwirtschaft usw.) bezeichnet werden, gibt es auch noch *Naturschutzbehörden*. Hier sitzen Juristen, um die Ergebnisse und Stellungnahmen der Fachbehörden in die für die Staatsverwaltung notwendige Rechtsform zu bringen und für den Vollzug der Maßnahmen zu sorgen (z. B. Erlaß von Schutzverordnungen, Ausnahmegenehmigungen, Bußgeldbescheide usw.). Für die verschiedenen Verwaltungsebenen (Bund, Land, Regierungsbezirk, Kreis) gibt es jeweils eigene Naturschutzbehörden innerhalb der allgemeinen Verwaltung. Bei den einzelnen Bundesländern sind die oberen Naturschutzbehörden unterschiedlichen Ministerien zugeteilt. Das regional sehr verschiedene Zusammenwirken der Naturschützer, der privaten (nichtstaatlichen) Vereine, der Fachbehörden und der Naturschutzbehörden zeigt Abb. 2 am Beispiel von Baden Württemberg. In den anderen Bundesländern sind die Fachbehörden für Naturschutz in die jeweilige allgemeine Verwaltungsbehörde (Ministerium, Regierungspräsidium bzw. Landratsamt) einbezogen. Das hat den Nachteil, daß diese Fachbehörden weisungsgebunden sind und sich nicht immer nach rein ökologischen, sondern auch nach politischen Gesichtspunkten richten müssen. Durch Entscheidungen der Behörden können ökologische Schäden trotz rechtlich einwandfreier Regelung eintreten. An solchen Beispielen zeigt sich, wie groß das ökologische Informationsdefizit sein kann und daß das Klagerecht begründet von den Naturschutzvereinen gefordert wird, zumal diese letztendlich praktische Arbeit in der Landschaftspflege bzw. im Artenschutz meist ehrenamtlich durchführen.

Die vielfältigen Arbeiten zum Schutz der Natur können aber nur dann zum Erfolg führen, also einen gesunden Naturkreislauf erhalten, wenn auch von anderer Seite, insbesondere von politischer, die Rahmenbedingungen richtig geregelt werden. Dazu gehören vor allem ein ökologisch wirksamer Umweltschutz und eine Bevölkerungspolitik, die auf die ökologischen Möglichkeiten der Erde eingestellt ist. Unsere Zukunftsaussichten, welche zuletzt in „Global 2000" zusammengestellt sind, zeigen eindringlich, wie schnell die Lage prekär wird (z. B. drohende Übervölkerung).

Aufgaben:
1. Welche Ihnen bekannten Vereine widmen sich (ausschließlich) der Naturschutzarbeit?
2. Auf welchem Teilgebiet des Naturschutzes liegen die hauptsächlichen Aktivitäten dieser Vereine? Werden z. B. gemeinsame Pflegemaßnahmen in Schutzgebieten durchgeführt?
3. Welches sind die für Ihren Heimatort zuständigen Naturschutzbehörden bzw. -fachbehörden auf den verschiedenen Verwaltungsebenen?
4. Welche Lehr- und Forschungsstätten mit Naturschutzaufgaben kennen Sie?

II Nutzung der Landschaft – ökologisch gesehen

5 Land- und forstwirtschaftliche Nutzung

5.1 Probleme der Landbewirtschaftung

Die Sicherstellung der Ernährung und des Holzbedarfes ist sicher eine der elementaren Voraussetzungen für die Weiterführung menschlichen Lebens. Um dieses Ziel für die wachsende Zahl von Menschen zu erreichen, wurden in den vergangenen Jahrzehnten ähnlich wie bei der industriellen Massenproduktion neue Bewirtschaftungsmethoden für die Landwirtschaft entwickelt. Dies führte zu erheblichen Steigerungen der landwirtschaftlichen Produktion, aber auch zu beachtlichen Problemen in Naturhaushalt und Landschaft, wie z.B. (schädliche Auswirkungen in Klammer):
- Ausräumen der Landschaft durch Roden von Hecken und Bäumen in der Flur und an Fließgewässern (Vernichtung von Biotopen und Windschutzhecken, Erosion, Änderung des Kleinklimas),
- starke Düngergaben (Vernichtung seltener Pflanzen, Verarmung des Pflanzenbestandes, Grundwasserbeeinträchtigung),
- Monokulturen (Verringerung der Stabilität des Naturhaushalts, vermehrter Schädlingsbefall),
- Verwendung von Bioziden zur Vernichtung von Schädlingen, Abb.3 (durch die Gifte werden aber auch andere Organismen direkt oder indirekt durch Ausfälle oder Störungen in Nahrungsketten vernichtet oder geschädigt),
- Einebnen von ungenutzten Geländekanten (Zerstörung von Biotopen),
- Umbruch von Grünland in Ackerland in Talauen bzw. an steilen Hängen (Abtragen des Erdbodens, evtl. Verunreinigung des Grundwassers),
- Arbeit auf Acker- und Grünland mit schweren Traktoren (Verdichtung des Bodens und dadurch Störung des Bodenlebens),
- Entwässerung von Feuchtgebieten (schneller Wasserabfluß bzw. fehlender Rückstau, sommerliche Austrocknung und Vernichtung geschützter seltener Pflanzen und Tiere),
- Asphaltieren land- und forstwirtschaftlicher Wege (Zerstörung von Biotopen); bei starker Steigung wird die Berechtigung zum Asphaltieren nicht bestritten, wenn Vorsorge getroffen wird, daß das Wasser sinnvoll abfließen und versickern kann,
- Bau landwirtschaftlicher Gebäude im Außenbereich (Zersiedlung der Landschaft).

Abb.3: *Geschätzter Anteil der mit Bioziden behandelten Flächen in Prozent der jeweiligen Anbaufläche*

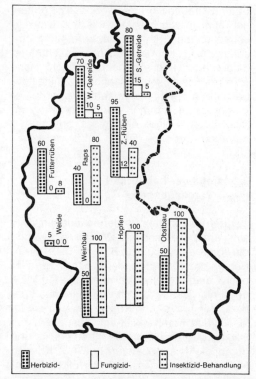

K. Buchwald, W. Engelhardt (Hrsg.): Handbuch für Planung, Gestaltung und Schutz der Umwelt, Bd. 2. München: BLV Verlagsgesellschaft 1978, S.373

Bei dieser (unvollständigen) Liste von Problemen zwischen den Belangen von Naturschutz und Landwirtschaft (Naturschutz und intensive Landwirtschaft auf gleicher Fläche schließen sich offenbar aus) ist es überraschend, daß sowohl im Bundes- als auch im Landesnaturschutzgesetz (Tab.1) die Landwirtschaft privilegiert ist (BNatSchG § 1 [3]). Außerdem bleibt die Land- und Forstwirtschaft bei ordnungsgemäßer Bodennutzung (BNatSchG § 8 [7]) ja auch bei der Nutzung von Feuchtgebieten (→ Kap. 16, NatSchG § 16 [3]) und bei der Verwendung chemischer Mittel (NatSchG § 17) von den dort angeführten Verboten usw. ausgenommen, sofern diese Bodennutzung „ordnungsgemäß" durchgeführt wird. Bei der gegenwärtigen Art der Bewirtschaftung werden die Ziele des Naturschutzgesetzes (Leistungsfähigkeit des Naturhaushalts, nachhaltige Nutzungsfähigkeit der Naturgüter) von der Landwirtschaft allerdings kaum erreicht. Es bleibt im Interesse der Leistungsfähigkeit des Naturhaushalts (Tab.1) und der Nutzungsfähigkeit der Naturgüter (BNatSchG § 1 [1] Z.1 und 2) zu hoffen, daß ähnlich wie beim technischen Umweltschutz (eigene Kläranlagen, Luftfilter, Lärmschutz) auch bei der Bodenbewirtschaftung bald wieder eine schonendere ökologische Arbeitsweise einkehrt. Manche Konflikte können örtlich durch flächenhafte Trennung der Aufgaben im Rahmen der Flurbereinigung (Kap. 6) oder einer ökologisch orientierten Agrarstrukturpolitik der EG gelöst werden.

5.2 Pflege der Landschaft in der Vergangenheit

Der in früheren Jahrhunderten legal im Wald ausgeübte Weidebetrieb (Weidewälder) und die Folge von Kriegen (z.B. 1618–1648 und zu Beginn des 19.Jahrhunderts) haben zu mehr oder weniger großen Verwüstungen in Wald und Feld geführt. Durch umfangreiche Wiederaufforstungs- und Pflegemaßnahmen der staatlichen Forstverwaltung (besonders seit Beginn des 19.Jahrhunderts) einerseits und durch die Anstrengungen der – in Kriegen teilweise dezimierten – Landbevölkerung andererseits konnte Mitteleuropa wieder nutzungsfähig gemacht werden, wie wir das heute gewohnt sind. Infolge der früher noch nicht technisierten, natürlichen Bewirtschaftungsmethoden (Tiergespanne und relativ leichte Wagen) ohne Kunstdünger war der landwirtschaftliche Ertrag zwar gering (Bevölkerungszunahme und daher Auswanderung im 19. Jahrhundert), aber es entstanden durch die Bodenbewirtschaftung kaum Schäden in der Natur. Aus jener Zeit stammt das Bild, welches die *Landwirte und Forstwirte als Pfleger der Landschaft* kennzeichnet. Unter dem Eindruck der Industrialisierung und durch den Vergleich landwirtschaftlicher Arbeit mit derjenigen des Industriearbeiters führte die Entwicklung jedoch zu erheblichen Änderungen der Landbewirtschaftung. Der Landwirt sollte im Zeitalter der Massenproduktion sowohl zur ausreichenden Versorgung der Bevölkerung beitragen als

Tab. 3: Der steigende Verbrauch von Mineraldünger

	1979/80 1000 t	Veränderung 1979/80 gegen 1978/79 in v.H.
Stickstoff (N)	1477,5	+ 9,1
darunter in MS-Dünger	387,1	− 2,5
Phosphat (P_2O_5)	913,7	+ 0,8
darunter in MS-Dünger	673,6	+ 0,3
Kali (K_2O)	1206,4	+ 2,4
darunter in MS-Dünger	774,5	+ 1,1
Kalk	1405,3	+43,2
Verbrauch je ha LF	in kg	in v.H.
Stickstoff (N)	112,5	+ 9,4
Phosphat (P_2O_5)	69,6	+ 1,2
Kali (K_2O)	91,8	+ 2,7
Kalk	107,0	+43,6

Agrimente '81, S. 25. Hrsg.: IMA (Informationsgem. für Meinungspflege und Aufklärung), Alexanderstr. 3, Hannover 1

Dieser Verbrauch trägt zwar zur Sicherung der Ernährung bei, schädigt jedoch die freilebende Tier- und wildwachsende Pflanzenwelt, ferner die Gewässer und das Grundwasser.

auch eine Verbesserung seiner Arbeitszeit und die Maximierung seiner Einkünfte erzielen, um den Anschluß an das industriell-rationelle und neue gesellschaftliche Leben zu erreichen. Der Einsatz technischer Geräte (z. B. schwere Traktoren, welche zu Bodenverdichtung führen), die zunehmende Verwendung von Kunstdünger (Tab. 3) in der leicht löslichen Salzform (wodurch die Vernichtung vieler wildwachsender Pflanzen verursacht, das Salz teilweise bis ins Grundwasser durchgespült wird und zur Düngung, Eutrophierung, der Gewässer beiträgt) und die Bekämpfung von Schädlingen und Unkräutern mit Hilfe chemischer Stoffe, welche auch auf andere Organismen als Gifte wirken (Biozide wie Pestizide, Fungizide usw., Abb. 3), schienen eine logische, ja unabänderliche Folge dieser Entwicklung. Die Landwirtschaft in der Europäischen Gemeinschaft kam auf diesem politischen Weg einerseits zu beachtlicher, wenngleich bei den einzelnen Ländern recht unterschiedlicher *Überproduktion* mit „Schweineberg", „Butterberg", „Milchschwemme" usw. mit allen wirtschaftlichen Folgeproblemen. Andererseits gelangte sie dadurch in das Schußfeld von Ökologen bzw. Naturschützern, weil diese fragwürdige, aber politisch geförderte Überproduktion mit vermeidbaren ökologischen Schäden erkauft wurde.

Durch diesen Übergang zur Nutzung technischer Errungenschaften hatte der Landwirt einen ähnlichen Schritt getan wie über hundert Jahre zuvor das Gewerbe zur Industrie. In beiden Fällen hat diese Entwicklung zwar zu stärkerer Produktion, aber auch zu erheblichen Umweltbelastungen durch naturferne Arbeitsweisen geführt. Der Verkauf von Grundstücken mit wertvollen Böden zur Überbauung und die Zerstörung von Biotopen hat außerdem zu wesentlichen Veränderungen unserer Flächennutzung im Lauf der Jahrzehnte geführt (Tab. 4).

5.3 Landschaftspflege heute, Brachflächen

In der Gegenwart spielt die Landschaftspflege deshalb eine wichtige Rolle, weil die vielen unbewirtschafteten Flächen (Tab. 4), ferner

Tab. 4: Wirtschaftsfläche der Bundesrepublik Deutschland nach den in der Statistik üblichen Nutzungsarten in Prozent der Gesamtfläche

	1935/38	1960	1965	1970	1975
Landwirtschaftlich genutzte Fläche	59,5	57,7	56,8	54,8	53,8
Nicht mehr landwirtschaftlich genutzte Fläche [1])	–	–	–	0,9	1,2
Waldflächen, Forsten, Holzungen	28,4	28,8	29,0	28,9	28,9
Unkultivierte Moorflächen	1,2	0,8	0,7	0,7	0,6
Öd- und Unland (einschließlich Knicks)	3,8	2,8	2,6	2,7	2,7
Gebäude-, Hof- und Industrieflächen	1,8	3,3	3,7	4,2	4,7
Straßen, Wegeland und Eisenbahnen	3,3	3,9	4,3	4,5	4,7
Gewässer	1,4	1,7	1,7	1,8	1,8
Friedhöfe, öffentl. Parkanlagen, Sport-, Flug- und militärische Übungsplätze [2])	0,6	1,0	1,2	1,4	1,5

[1]) Ab 1970 werden in der Statistik nicht mehr landwirtschaftlich genutzte Flächen ausgewiesen.
[2]) Die bisher in der landwirtschaftlichen Nutzfläche geführten privaten Parkanlagen, Rasenflächen und Ziergärten sind ab 1970 in diese Rubrik aufgenommen worden.

G. Olschowy (Hrsg.): Natur- und Umweltschutz in der Bundesrepublik Deutschland. Hamburg: Parey 1978, S. 92

Statt „unkultivierte Moorflächen" wäre heute besser der Begriff „Feuchtgebiete", statt „Öd- und Unland" besser „ökologische Reserveflächen" zu verwenden. Hierin drückt sich das gewandelte Bewußtsein und die Abkehr vom nur ökonomischen Denken aus. Obwohl die Veränderungen teilweise nur Bruchteile eines Prozents ausmachen, bedeutet z. B. die Verminderung der Feuchtflächen auf die Hälfte eine entscheidende Verschlechterung des Naturpotentials, auf das unser Leben und damit auch unsere Nahrungserzeugung angewiesen sind. Auf der anderen Seite hat die Überbauung stark zugenommen. In der letzten Zeile (Friedhöfe usw.) sind sehr heterogene Flächen zusammengefaßt. So tragen zwar Parkanlagen zur Auflockerung bebauter Flächen bei (Durchgrünung), sind aber wie die anderen Flächen dieser Zeile ökologisch von sehr geringer Bedeutung.

die ökologischen Freiflächen und auch die Schutzgebiete dann gezielter Pflege bedürfen, wenn die Verbuschung und der Wildwuchs gezielt verhindert werden sollen. Hierbei fällt neben den ehrenamtlichen Helfern der Vereine und staatlichen Einsatzgruppen gerade den Landwirten eine wichtige Rolle zu, um mit den vorhandenen Maschinen evtl. zu einem zusätzlichen Einkommen zu gelangen. Aus welchen Gründen sind solche landschaftspflegerischen Arbeiten – hier besonders das Mähen und Abräumen des Mähgutes – ökologisch wichtig?

Durch das Freihalten der Wiesen- und Ackerflächen von Holzbewuchs können sowohl auf den nicht intensiv genutzten und nicht gedüngten landwirtschaftlichen Flächen als auch auf den Biotopen (→ Kap. 18) lichtliebende Pflanzen gedeihen, welche erst nach der Rodung im Mittelalter, also dank der Landwirtschaft, bei uns weite Verbreitung gefunden haben und durch ihren Artenreichtum zur Bereicherung des Naturhaushalts und zur Schönheit des Landschaftsbildes beitragen. Außerdem können in dieser offenen Landschaft ganz andere Tiere als im Wald leben, z.B. die Bodenbrüter unter den Vögeln. Durch ständige Pflege solcher offenen Flächen kann durchaus ein wesentlicher Beitrag zugunsten des Naturschutzes geleistet werden, wenn dies auf ökologische Weise erfolgt (z.B. Pflegearbeiten im Naturschutzgebiet „Federsee", *Mahr* 1976). Dabei spielt die natürliche Vegetation, die in Mitteleuropa ohne die Tätigkeit des Menschen vorkommen würde, eine wichtige Rolle (z.B. *Müller & Oberdorfer* 1974). Trotz der Vorteile offener Flächen dürfen wir auf Wald nicht verzichten. Seine Bedeutung für den Wasserhaushalt zeigt Abb. 4.

Ökologisch und landschaftspflegerisch ist ein gewisser Anteil an *Brachland* (ökologische Reserveflächen), sofern es nicht an Steilhängen im Hochgebirge (Alpen) liegt und dadurch verstärkt zum Abgang von Lawinen führt, kein Schaden. Die Bedeutung von Brachland innerhalb intensiv genutzter Flächen liegt darin, daß dort Pflanzen und Tiere in größerer Artenvielfalt vorkommen als auf bewirtschafteten Flächen. Die Brache ist kein Naturschutz-, sondern ein soziales Problem. Oft werden solche Flächen aufgeforstet. Nicht selten erfolgt dies dort, wo der Waldanteil ohnehin relativ hoch ist. Dies führt zu einer un-

Abb. 4: *Wasserhaushalt im Wald*

Starke Verteilung durch die mehrschichtige Vegetation und Speicherung im Boden (vgl. dagegen gerodete Flächen mit raschem oberirdischem Abfluß und ggf. Erosion, z.B. an steilen Wegen)

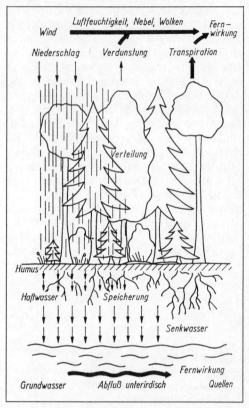

B. Stugren: Grundlagen der allgemeinen Ökologie. 3. Aufl. Jena: Fischer 1978, S. 79

ausgewogenen Verteilung von Wald und Feld. Aufforstungen müssen mit Rücksicht auf die Nachbarschaft (Schattenwurf, Unkraut, Verbiß durch Wild und die richtige Lage in der Landschaft) meist im Anschluß an bestehenden Wald durchgeführt werden. In Baden-Württemberg regelt dies das Landwirtschafts- und Landeskulturgesetz (Einschaltung der Naturschutzbehörden). Obwohl im Bundesgebiet über ein Viertel der Fläche von Wald eingenommen wird (Tab. 4), ist ein etwas größerer Anteil durch Aufforstungen noch vertretbar, insbesondere dann, wenn diese Aufforstung in der Form von Mischwald erfolgt bzw. schließlich dazu führt oder wenn die (Brach-) Fläche dem Wildwuchs (sog. natürli-

che Sukzession, d. h. Pflanzenabfolge) überlassen wird. Reine Fichtenforste führen meist zur ökologischen Verarmung und u. U. auch zu ungünstiger Bodenentwicklung.
Der Laie hält aufgrund gärtnerischer Denkweise Brachland wegen seines „ungepflegten" Zustandes und wegen der vielen Unkräuter oft für unerwünscht. Ökologisch betrachtet sind die dort wildwachsenden Pflanzen und freilebenden Tiere jedoch erwünscht und notwendig, weil sie inmitten landwirtschaftlicher Monokulturen zur notwendigen Stabilisierung des Naturhaushaltes einschließlich der landwirtschaftlichen Flächen beitragen. Der Artenrückgang ist vornehmlich auf die Zerstörung der Extremstandorte beschränkt (Entwässerung feuchter, Aufforstung trockener Standorte). Das heißt, der von der Landwirtschaft angestrebte Einheitsstandort findet immer weitere Verbreitung.
Der flächenhafte Anteil des Waldes hat auf dem Gebiet der Bundesrepublik (Tab. 4) in den letzten Jahrzehnten starke Einbußen erlitten (Tab. 5). Während vor dem Krieg im Durchschnitt noch 1675 m² Waldfläche auf jeden Bewohner entfielen, waren dies, durch Bebauung, gestiegene Bevölkerungszahl usw. bedingt, 1975 nur noch 1158 m². Im gleichen Zeitraum hat die Siedlungsfläche, welche im Durchschnitt auf jeden Bewohner entfällt, von 325 m² auf 436 m² zugenommen (*Olschowy* 1978). In diesem Anstieg machten sich u. a. die gestiegenen zivilisatorischen Bedürfnisse

Tab. 5: *Umnutzung von Waldfläche in Baden-Württemberg (1945–1977)*

Von 16 000 ha Rodungsfläche entfielen auf	
Straßenbau	37 %
Abbau von Kies, Sand usw.	15 %
Wohnungsbau	14 %
Industrieanlagen	11 %
Sonstiges, z. B. Sportanlagen	23 %

Nach: M. Scheiffele. In: Staatsanzeiger für Baden-Württemberg, Nr. 89 vom 8. 11. 1978, S. 3–4. Stuttgart

und auch die verbesserte Infrastruktur bemerkbar. Welche Bedeutung Waldflächen jedoch besitzen, zeigt deren hohe Sauerstoffproduktion (landwirtschaftliche Kulturen 3–10 t/ha Jahr, Kiefernwald 30 t/ha Jahr). Demnach erzeugt 1 ha Kiefernwald den Sauerstoffbedarf von etwa 100 Menschen. Aber auch bei der ökologischen Bewertung der Flächen in Tab. 4 ist zu berücksichtigen, daß die Ackerfläche stets intensiv landwirtschaftlich genutzt wird, d. h., die ökologische Bedeutung dieser Gebiete ist minimal, weil darauf heute fast keine freilebenden Tiere und wildwachsenden Pflanzen vorkommen (z. B. Klatschmohn). Auch bei den Wiesen ist ein Teil ökologisch nur bedingt bedeutsam: Durch Düngung zur Produktionssteigerung werden viele wildwachsenden Pflanzenarten vernichtet, welche auf den übrigen, nicht gedüngten Wiesen unter sonst gleichen Bedingungen vorkommen (Abb. 5).

Abb. 5: *Wiese im Naturschutzgebiet „Irrendorfer Hardt" (Lkr. Tuttlingen)*
Gedüngte Wiesen mit Löwenzahn bzw. ungedüngte Flächen (Magerrasen) mit artenreicher Flora.
Foto: R. German, Tübingen

5.4 Landschaftlich funktionsgerechte Nutzung

Ein wesentlicher Punkt bei der Bodenbewirtschaftung ist eine den natürlichen landschaftlichen Gegebenheiten (Relief, Bodenart usw.) angepaßte Anbauart (funktionsgerechte Nutzung der Landschaft). Die Bearbeitungsfähigkeit unserer Böden zeigt Abb. 6. Dabei ist anzumerken, daß die sog. landwirtschaftliche Melioration (Bodenveränderung zur ökonomischen Landnutzung, z. B. Drainage, d. h. Entwässerung mit Beschleunigung des Wasserabflusses) sich meist nachteilig auf den Naturhaushalt auswirkt und daher aus ökologischer Sicht unterbleiben sollte. Für den Landwirt ist sie meist nur mit Hilfe von staatlichen Zuschüssen „rentabel". Entsprechend ist die intensive Nutzung von Talauen mit sandigen Böden als Ackerland aus Gründen der Bodenzusammensetzung verständlich, aus Gründen der Abtragungsgefahr (Erosion) bei Hochwasser und den Ertragsverlusten jedoch abzulehnen: Durch solch falsche Landnutzung können leicht Landschaftsschäden (→ Kap. 14) entstehen. Die bedingt mögliche Nutzung hat solchen landschaftlichen Gegebenheiten Rechnung zu tragen (vgl. Konturenpflügen, Terrassierung usw.). Die Schutzwälder der Forstverwaltung an Steilhängen sind deshalb ein wichtiger Beitrag zur schonenden Nutzung der Landschaft. Entsprechend sollte entlang der Fließgewässer wenigstens ein Gehölz- bzw. Baumstreifen wie in Naturlandschaften liegen (→ Kap. 17).

5.5 Boden und Schadstoffe

Der Boden über dem Gestein ist nicht nur ein Filter für den Niederschlag (Abb. 4), also für Wasser und seine Inhaltsstoffe, um gutes Trinkwasser zu erhalten. Er nimmt ebenso alle festen Stoffe, welche aus der Luft kommen, auf (Straßenabrieb und -staub mit krebserregenden Stoffen, Stäube der Industrie und des Hausbrandes, radioaktive Teilchen von Atombombenversuchen, Kernkraftwerken usw.). Die Filterwirkung der verschiedenen Bodenarten und die Ansammlung von *Schadstoffen* (z. B. Straßenstaub, radioaktive Stoffe, welche aus der Luft ausgewaschen wurden) nimmt mit wachsender Korngröße des Sediments ab. Die als Folge auftretende Ansammlung z. B. der radioaktiven Stoffe in Organismen zeigt Abb. 7. Schäden durch Umweltchemikalien sind an Pflanzen einfacher (z. B. SO_2-geschädigte Fichtennadeln oder Flechten), an Menschen schwieriger nachzuweisen (z. B. Insektizide in Waldgebieten Kanadas), besonders wenn es um mehrere Schadstoffe geht. Da nicht alle beim Pflanzenschutz oder in der Medizin verwendeten Chemikalien auf ihren Einfluß untersucht wurden, können, ähnlich wie früher bei den Röntgenstrahlen, zukünftig noch manche Gefahren erkannt werden (*Marquardt* 1976). Zunächst halten die Tonmineralien im Boden die Schadstoffe fest (Adsorption). Es besteht jedoch die Gefahr, daß diese im Laufe der Zeit schließlich gesättigt werden, die Schadstoffe dadurch ins Grundwasser abfließen und dieses schädigen. Weitere Gefahren bestehen darin, daß Pflanzen Schadstoffe aus der Luft oder von den Tonmineralien aufnehmen

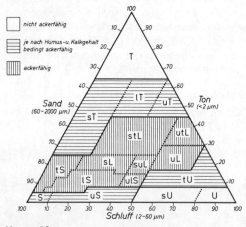

Abb. 6: *Landwirtschaftliche Bearbeitungsfähigkeit und Korngröße der Bodenschicht unter den Klimabedingungen in der Bundesrepublik Deutschland*

Korngrößen:
Hauptgemengeteile T = Ton
　　　　　　　　　U = Schluff
　　　　　　　　　S = Sand
Nebengemengeteile t = tonig
　　　　　　　　　u = schluffig
　　　　　　　　　s = sandig
(L = Lehmboden,   l = lehmig)

G. Olschowy (Hrsg.): Natur- und Umweltschutz in der Bundesrepublik Deutschland. Hamburg: Parey 1978, S. 127

Abb. 7: Anreicherung von radioaktiven Stoffen in Wasserorganismen des Columbia-Rivers unterhalb der Hanford-Plutonium-Anlage

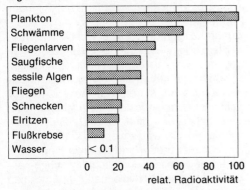

K. Buchwald, W. Engelhardt (Hrsg.): Handbuch für Planung, Gestaltung und Schutz der Umwelt, Bd. 2. München: BLV Verlagsgesellschaft 1978, S. 239

(*Schneider & Matter* 1977) und diese in die menschliche Nahrung gebracht werden, besonders wenn Klärschlamm oder Flußschlämme (*Förstner & Müller* 1974) mit Schadstoffen auf Nutzflächen aufgetragen werden (z. B. Blei und Cadmium). Um die Nutzungsfähigkeit des Naturgutes Boden (§ 1 BNatSchG) nachhaltig zu sichern, muß jede weitere Verunreinigung vermieden werden, selbst bei geringen Schadstoffdosen. Eventuelle Summierung von Schadstoffen könnte schwerwiegende Auswirkungen haben. Langlebige chemische Substanzen sind deshalb gefährlich, weil sie Kläranlagen passieren und dadurch weit verbreitet werden können. Bei den äußerst empfindlichen Nachweismethoden von Giften (z. B. *Ziegelmann* 1979) überraschen oft amtliche Unbedenklichkeitsmeldungen bei Verunreinigungen z. B. von Lebensmitteln.

Aufgaben:
1. Auf welchen Flächen Ihrer Gemarkung wäre eine landschaftlich funktionsgerechtere Nutzung möglich (Summe; Prozentsatz der landwirtschaftlichen Nutzfläche)?
2. Welche Flächen Ihrer Gemarkung eignen sich (außer dem Bestand) für Brache bzw. Wildwuchs?
3. Wo kann in Ihrer Gemarkung ggf. im sinnvollen Anschluß an bestehenden Wald noch aufgeforstet werden?
4. Welche Ufer von Fließgewässern, welche Flächen in der freien Landschaft können mit Ufergehölzen bzw. Hecken bepflanzt werden, ohne daß benachbarte Landwirte wesentlichen Schaden erleiden?
5. Begründen Sie die Hauptziele von Naturschutz und Landschaftspflege in landwirtschaftlich genutzten Flächen (a) Offenhalten der Landschaft, b) funktionsgerechte Nutzung, c) Aufbau eines Systems ökologischer Flächen, d) Reinhaltung des Bodens).

6 Flurbereinigung und Naturschutz

6.1 Naturschutz im Flurbereinigungsverfahren

Die Flächen der Land- und Forstwirtschaft können bei Bedarf seit Jahrzehnten neu geordnet werden (§ 1 FlurbG). Wechselnde Besitzstruktur (z. B. Erbteilung), Straßenneutrassierung mit der oft willkürlichen Zerschneidung bestehender Flächen usw. machen die Flurbereinigung zu einer Daueraufgabe. Die dabei durchzuführende Arbeit ist im § 37 FlurbG geregelt. Das Ziel der Flurbereinigung wird mit allen Parzellen und Grenzen im *Flurbereinigungsplan* dargestellt (§ 56ff. FlurbG). Daneben wird aber noch der sog. *„Wege- und Gewässerplan mit landschaftspflegerischem Begleitplan"* erstellt (§ 41 FlurbG). Er enthält neben allen Wegen die für Naturschutz und Landschaftspflege wichtige Darstellung der einzelnen Hecken, Bäume, den Verlauf der Gewässer und ihre Bepflanzung. Dieser „Wege- und Gewässerplan" ist nach § 58 FlurbG in den Flurbereinigungsplan aufzunehmen und wird damit auch rechtlich verbindlich (vgl. Landschaftsplan bei der Bauleitplanung, → Kap. 8).

Damit wird deutlich: Dieses Verfahren zur Bodenneuordnung muß mit den Maßnahmen und Vorstellungen anderer Fachplanungen (z. B. Naturschutz, Straßenbau usw.) zur Förderung der allgemeinen Landeskultur und der Landentwicklung abgestimmt werden. Demnach sollen also nicht nur rationell zu bewirtschaftende landwirtschaftliche Betriebsgrößen erzielt und mehrere zerstreut liegende kleine Parzellen zu einer geschlossenen größeren Parzelle vereinigt, sondern die gesamte

Kulturlandschaft soll sinnvoll neu geordnet werden. Bei diesen Veränderungen in der freien Landschaft sind die Belange von Naturschutz und Landschaftspflege entscheidend berührt.

Es ist Aufgabe des Naturschutzes, und zwar des staatlichen wie auch des privaten (→ Kap. 4), durch rechtzeitig erarbeitete eigene Beiträge zum Flurbereinigungsverfahren sicherzustellen, daß alle ökologischen Belange beim Verfahren bekannt werden. Dazu gehört viel Einzelarbeit, insbesondere die Aufnahme aller ökologisch bedeutsamen Fakten. Diese müssen in der Zeit zwischen der Anordnung des Flurbereinigungsverfahrens und vor Abschluß des Wege- und Gewässerplanes vorgebracht werden.

Im Zuge des Verfahrens, besonders bei der Aufstellung des Wege- und Gewässerplans, gilt es dann, diese Naturschutzbelange mit der Teilnehmergemeinschaft abzustimmen bzw. auszuhandeln. Flurbereinigung ist damit nicht etwa nur eine landwirtschaftlich-gärtnerische Planung, sondern eine ökologische Grundsatzfrage. Durch gezielte Arbeit kann somit ein Landschaftsteil wieder eine ökologisch sinnvolle Ordnung erhalten. Eine ökologisch sinnvolle landwirtschaftliche Nutzung der Landschaft kann durch die Flurbereinigung bisher nicht erzwungen werden, sofern sich die Teilnehmergemeinschaft nicht aus freien Stücken dazu entschließt (→ Kap. 5; funktionsgerechte Bewirtschaftung der einzelnen Grundstücke).

Ein abwechslungsreich und gut gestaltetes abgeschlossenes Flurbereinigungsgebiet liegt auf der Schwäbischen Alb bei Schopfloch-Ochsenwang, Kreis Esslingen. Trotz Zusammenlegens der Grundstücke ist es gelungen, einen großen Bestand an Hecken und damit die typische Alblandschaft zu erhalten. Beim Verfahren hat die Flurbereinigungsbehörde die öffentlichen Interessen zu wahren (z.B. Naturschutz und Landschaftspflege, Raumordnung usw., § 37 FlurbG). Durch die Teilnahme anderer Behörden als „Träger öffentlicher Belange" (§ 2 FlurbG) ist die Zusammenarbeit mit der Teilnehmergemeinschaft (§ 16 FlurbG; wegen der Beteiligten siehe § 10 FlurbG) gewährleistet. Die Teilnehmergemeinschaft steht unter der Aufsicht der Flurbereinigungsbehörde (§ 17 FlurbG).

6.2 Einzelprobleme der Naturschutzarbeit bei Flurbereinigungen

Im Rahmen eines Verfahrens treten, meist an Kleinstrukturen der Landschaft, u. a. folgende Probleme auf:

Veränderungen des Reliefs. Um bei leicht bewegtem oder kleinräumigem Gelände (Mittelgebirge) eben zu bewirtschaftende Flächen zu erhalten, ergeben sich Veränderungen des Reliefs. Davon sind meist Ackerterrassen, welche sich im Laufe der Bewirtschaftung gebildet haben, betroffen, ferner Geländekanten z.B. auf der Schwäbischen Alb am Rande von Trockentälern oder im Alpenvorland. Eine Zerstörung dieser geomorphologischen, teilweise landschaftstypischen Kleinformen hätte auch ökologische Nachteile, da diese nicht bewirtschafteten Restflächen inmitten der Intensivkulturen häufig wichtige Pflanzen und Tiere beherbergen.

Steinriegel. Das Auslesen von Steinen aus Feldern hat im Laufe der Bewirtschaftung zwischen den einzelnen Parzellen zur Anlage von teilweise mehrere Meter breiten Steinriegeln geführt (z.B. Weinberge im Muschelkalk, Felder auf der Schwäbischen und Fränkischen Alb). Diese Steinriegel sind ein unerwünschtes Nebenprodukt landwirtschaftlicher Tätigkeit. Um die durch das Ansammeln der Steine im Laufe der Zeit verringerte Anbaufläche wieder voll nutzen zu können, wird deren Beseitigung von der Landwirtschaft gefordert. Auf diesen Steinriegeln hat sich jedoch im Laufe der Jahrhunderte eine so interessante Pflanzen- und auch Tierwelt angesiedelt (*Linck* 1954), daß deren Vernichtung einen schweren Schaden für die Natur darstellen würde. Hier wie auf den Geländekanten sind Pflanzen eingewandert und haben sich vielfach diejenigen Pflanzen und Tiere angesiedelt, welche durch intensive Landbewirtschaftung aus ihrem Lebensraum in der Umgebung vertrieben wurden. Ihre Vernichtung würde zu einer Verarmung der Lebewelt und damit zu ökologischen Nachteilen führen.

Obstbäume, Hecken, Bäume usw. Sträucher und Bäume inmitten der Produktionsfläche können den landwirtschaftlichen Betriebsablauf stören. Deshalb sollen sie aus der Sicht der Landwirtschaft meist weichen. Um aber vom vorhandenen, ökologisch wichtigen Grünbestand möglichst viel zu erhalten, findet zu Beginn des Verfahrens eine Bestandsaufnahme statt. Bei der Neuplanung der Betriebsfläche im Zuge des Wege- und Gewässerplanes wird versucht, die Betriebsflächen so zwischen den Grünbestand zu legen, daß nur ein Minimum an Hecken und Bäumen beseitigt und außerdem durch Nachpflanzungen ein Ausgleich erzielt wird (→ Kap. 6.3). Die Bedeutung der Hecken als Windschutz verdeutlicht Abb. 8.

Böschungen entlang der Wege. Um das Akkerland günstig nutzen zu können, wird von der Landwirtschaft angestrebt, die Wege möglichst auf der Ebene der Felder verlaufen zu lassen. Dadurch grenzt die Produktionsfläche meist ohne Grünstreifen unmittelbar an den Weg. Gegenüber dem Zustand vor Beginn des Verfahrens wird aber Pflanzen und auch Tieren ihre Existenzgrundlage genommen. Flächen älterer Flurbereinigungsverfahren besitzen daher fast keine ökologischen Frei- bzw. Ausgleichsflächen (→ Kap. 18).

Gewässer. Die normalen Veränderungen von Fließgewässern (z. B. durch Seitenerosion; → Kap. 17) wirken sich sowohl auf die Fläche der Grundstücke als auch die Unterhaltung (Pflege) des Gewässers bzw. seiner Ufer aus. Frühere Eingriffe in die Natur von privater Seite und durch staatliche Wasserbaumaßnahmen haben zu Schäden an fast allen Gewässern geführt. Durch Begradigung des Laufs, die Beseitigung der Ufervegetation (Schattenwurf auf die angrenzenden landwirtschaftlichen Flächen) oder des Auenwaldes usw. haben Fließgewässer ihre natürliche Begrenzung und ihre Natürlichkeit verloren.

Ökologisch zweckmäßige Gestaltung von Fließgewässern, welche die natürlichen geologischen Verhältnisse berücksichtigt, muß daher in einer standortgerechten Uferbepflanzung (Abb. 23) und einem recht groß dimensionierten Gewässerbett gesucht werden. Dies erfordert zwar eine bescheidene Verminderung der landwirtschaftlichen Nutzfläche, sichert aber langfristig überhaupt deren Nutzung (*Ludwig* 1979 bzw. ABN-Jahresheft Nr. 24).

Entwässerung. Feuchte Flächen lassen sich landwirtschaftlich schwer bearbeiten und liefern geringen Ertrag. Dieser war früher nur als Streu für das Vieh verwendbar. Solche Flächen sind jedoch in Trockenjahren bzw. trockenen Sommern gerade günstig, weil diese Wiesen nicht „ausbrennen". Für den Naturhaushalt sind feuchte Flächen durch Vorkommen seltener bzw. geschützter Pflanzen und Tiere von großer Bedeutung (→ Kap. 16). Der Erhalt der wenigen gegenüber früher noch verbliebenen Flächen ist daher dringend erforderlich. Zumindest im süddeutschen Stufenland (Gäue) sind sie nur noch in kümmerlichen Resten vorhanden, während sie z. B. in Niedersachsen noch reichlich vorkommen (Abb. 21).

Das *Wegenetz* scheint im Zuge von Flurbereinigungsverfahren teilweise recht breit angelegt zu werden. Der hohe Anteil der Wegflächen gegenüber dem früheren Zustand und auch die Länge überraschen bei Ausmessung, selbst wenn man berücksichtigt, daß

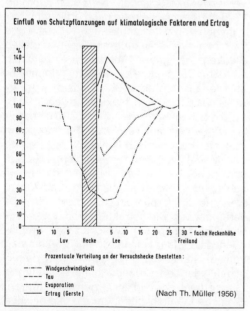

Abb. 8: Einfluß von Schutzpflanzungen auf meteorologische Faktoren und Ertrag

G. Olschowy (Hrsg.): Natur- und Umweltschutz in der Bundesrepublik Deutschland. Hamburg: Parey 1978, S. 241

Die durch eine Feldhecke verminderte Windgeschwindigkeit hat eine verringerte Verdunstung und erhöhten Tauausfall zur Folge. Die Summe der verbesserten meteorologischen Faktoren führt zu einer Steigerung des Ertrags. Zu beachten ist sowohl die Übereinstimmung der Minima und Maxima der Untersuchungsergebnisse als auch die annähernd gleichmäßige Wiederannäherung an die Werte des ungeschützten Freilandes.

heute große Erntemaschinen die Wege benützen müssen. Dieser Landverbrauch erscheint teilweise vermeidbar. Die Lösung des Problems sollte auf andere Weise versucht werden (Überfahrtgerechtigkeiten, bewirtschaftete Randstreifen). Auf ähnliche Verhältnisse deutet ein erstes Ergebnis der Ausmessung von Waldwegen hin (*German & Eichhorst* 1977). Asphaltierte Strecken sollten in der freien Landschaft nur an steilen Wegen angelegt werden.

6.3 Ökologische Ausgleichsmaßnahmen im Zuge einer Flurbereinigung

Um ökologische Nachteile, welche im Zuge des Verfahrens entstanden sind, wieder auszugleichen und um die Leistungsfähigkeit des Naturhaushalts zu verbessern, sind folgende Maßnahmen möglich:
– *Neupflanzungen und Umpflanzungen* von Hecken, Sträuchern und Bäumen,
– *Anlage neuer Biotope,* z. B. von Tümpeln als Nahrungsteiche für Vögel (Erfolgskontrolle durch Aufnahme der Tierwelt),
– *Abgabe von Grundstücken für Naturschutzzwecke* durch Ausscheiden aus der Bewirtschaftung (landwirtschaftlich weniger interessante Flächen, wie besonders trockene oder feuchte Standorte, z. B. Trockenrasen und Feuchtgebiete; → Kap. 16). Sie liefern landwirtschaftlich meist nur geringe Erträge. Um diese Flächen für Land- oder Forstwirtschaft nutzbar zu machen, wären vielfach hohe Beträge notwendig. Dies stünde aber ohne staatliche Beihilfen in keinem vernünftigen Verhältnis zu dem durch einen Eingriff verursachten ökologischen Schaden. Es ist daher im Sinne von Naturschutz und Landschaftspflege, wenn solche Flächen zumindest aus der intensiven Bewirtschaftung herausgenommen oder gar als ökologische Freiflächen (→ Kap. 18) ausgewiesen und unter Schutz gestellt werden (→ Kap. 15). Nach Zustimmung der Teilnehmergemeinschaft können sie für Naturschutzzwecke erworben werden (Gemeinde, Land, Verein). Auf diese Weise ist die weitere Verwendung durch Düngeverbot, Pflegerichtlinien usw. steuerbar (z. B. auf Orchideenwiesen, in Feuchtgebieten, Abb. 5).

Die vielfältigen Arbeiten von Naturschutz und Landschaftspflege bei Flurbereinigungsverfahren verfolgen das Ziel, trotz der Beeinträchtigung durch Nutzung die Landschaft und den Naturhaushalt langfristig ökologisch gesund zu erhalten. Die Verwirklichung dieses Zieles ist räumlich durch das Zusammenwirken der Schutzgebiete (→ Kap. 15) mit der Vielzahl landschaftlicher Einzelelemente und Kleinstrukturen und der jeweiligen Organismen möglich (Wegraine, unbewirtschaftete Hangkanten, Gräben, Fließgewässer mit Randgehölzen, Hecken und Einzelbäume, auch Obstbäume als Brutbiotope für Vögel, alte Pfosten und Baumstümpfe als Refugien für wirbellose Tiere, welche auf den intensiv genutzten Flächen wegen der verwendeten chemischen Mittel keine geeigneten Lebensräume mehr haben). Aus diesen kleineren und größeren Gebieten ist ein *System gegenseitig vernetzter ökologischer Freiflächen* (*German* 1979d) zu entwickeln. Je nach örtlichem Vorkommen von wildwachsenden Pflanzen und freilebenden Tieren müssen zwischen diesen Flächen geeignete Abstände eingehalten werden. Dabei spielen sowohl Minimalabstände (z. B. um noch Gen-Austausch zu ermöglichen) als auch Maximalabstände (z. B. für die Lebensbereiche von Vögeln) eine Rolle. Dieses System vernetzter Flächen kann man sich schematisch ähnlich vorstellen wie das Modell von Makromolekülen: Die verschiedenen Atome symbolisieren die unterschiedlich großen und wertigen Freiflächen, während die Verbindungsstäbe entweder die verbindenden Kleinstrukturen oder die notwendige Entfernung zwischen den Freiflächen darstellen. Nur inselhafte Vorkommen von ökologischen Freiflächen mit dazwischenliegenden großen Abständen würden rasch zur Verarmung der Organismen führen. Einfache Möglichkeiten, um die ökologische Wirksamkeit der meist sechs bis acht Jahre dauernden Flurbereinigungsverfahren andeutungsweise zu erfassen, bestehen im *Vergleichen des Pflanzen- und Tierbestandes* vor und nach Durchführung des Verfahrens (Listen, Karten).
So ist es z. B. möglich, vorher und nachher folgende Größen zu erarbeiten:
– ökologische Freiflächen, Biotope,
– Fläche der Hecken, Wegraine, Hangkanten und Hohlwege,

Tab. 6: *Bedeutung der Feldhecken und Flurgehölze für Tiere*

a) Sie finden hier
    pflanzliche Nahrung
    Beute
    Nistplätze
    Aussichtswarten
    Deckung vor Feinden
    Schutz vor Witterungs-
    einflüssen
    Überwinterungslager
    Rückzugsgebiete
 	
b) In Hecken und Feldgehölzen
    leben u. a.
    Reh
    Feldhase
    Igel
    Spitzmaus
    Mauswiesel
    Großwiesel
    Fasan
    Rebhuhn
    Mäusebussard
	Turmfalke
	viele Singvögel (siehe c)
	Erdkröte
	Blindschleiche
	Zauneidechse
	
	Insekten:
	Schlupfwespen
	Käfer
	Blattwespen
	Fliegen
	Netzflügler
	Spinnen
	Hundertfüßler
	Hummeln
	Blattläuse
	
	c) Singvögel in Hecken und
	    Feldgehölzen
	Star
	Grünfink
	Buchfink
		Hänfling
		Goldammer
		Baumpieper
		Bachstelze
		Kohlmeise
		Blaumeise
		Sumpfmeise
		Kleiber
		Raubwürger
		Neuntöter
		Zilpzalp (Weidenlaubsänger)
		Fitislaubsänger
		Gartengrasmücke
		Dorngrasmücke
		Mönchsgrasmücke
		Klappergrasmücke
		Gartenrotschwanz
		Rotkehlchen
		Zaunkönig
		Heckenbraunelle
		Singdrossel
		Amsel

Nach: W. Engelhardt: Umweltschutz, Gefährdung und Schutz der natürlichen Umwelt des Menschen. München: Bayerischer Schulbuchverlag 1973, S. 66–68

- Länge der Fließgewässer,
- Länge der Uferbepflanzung (getrennt nach linker und rechter Seite),
- Fläche oder Anzahl der Obstbäume,
- Fläche und Art der Landwirtschaftswege,
- Arten und Individuenzahl wildwachsender Pflanzen und freilebender Tiere.

Wie quantitative Bestimmungen zeigen, ist der Erhalt bestehender Gehölze jeder Neuanpflanzung vorzuziehen, da die vorhandene Tierwelt bei Neupflanzungen nicht mitgeliefert werden kann. Diese ist aber für das Zusammenwirken des Ökosystems auch notwendig (Tab. 6).

Eine kartenmäßige Darstellung vermittelt einen guten Überblick über die ökologische Bedeutung eines Gebietes. Je stärker die Verzahnung der ökologischen Größen mit den Nutzflächen der Landwirtschaft und je größer ihr Anteil an der Gesamtgemarkung ist, um so stabiler ist dort der Naturhaushalt. Der begrenzende Hauptfaktor für eine großzügige ökologische Sicherung ist gegenwärtig noch die *Agrarstrukturpolitik* der EG. Das einseitig auf Massenproduktion ausgerichtete Ziel läßt für ökologische Maßnahmen leider noch wenig Raum frei. Die kostspieligen andauernden Überschüsse in der Produktion lassen eine Änderung der politischen Ziele erhoffen.

Aufgaben:

1. Nehmen Sie in Flurkarten die Bestände an Hecken und Bäumen einer Gemarkung auf, und stellen Sie die gemessenen Flächen in Tabellen zusammen (Gehölze numerieren). Welche Gesamtfläche nehmen diese Grünbestände ein? Welcher Prozentsatz der Gemarkungsfläche ist dies?

2. Kartieren Sie den Verlauf von Fließgewässern auf Flurkarten. Um welche Beträge (Strecke der Seitenerosion bzw. Fläche der Flußverlegung) hat sich das Gewässer seit der Aufnahme der Karte verändert? Auf welchen Strecken gibt es noch Gehölz, wo ist das Ufer zu steil, wo erodiert?

3. Wie groß sind in einem benachbarten umgelegten Flurbereinigungsgebiet die land- und forstwirtschaftlichen Nutzflächen (Äcker, Wiese, Wald), die nicht genutzten Grünflächen (z. B. ökologische Freiflächen, Wegeböschungen, Hecken, Wacholderheiden, Moore) und die Wegflächen (in ha und %)? Vergleiche mit Flächen vor Durchführung des Verfahrens in vergleichbarer Landschaft.

4. Auf welche Länge wurden Fließgewässer im Zuge eines Flurbereinigungsverfahrens ausgebaut? Welcher Teil des alten Gewässerlaufes (Bogen, Mäander) wurde dadurch zer-

stört (Länge des Fließgewässers, Länge der beidseitigen Ufervegetation)?
5. Welche Fläche des Flurbereinigungsgebietes wurde im Zuge des Verfahrens, welche Fläche schon früher entwässert?
6. Welche ökologischen Nachteile bringt eine Entwässerung (Boden, Pflanzen-, Tierwelt)?
7. Wieviel Obstbäume stehen noch auf einer Gemarkung (Bedeutung als Nahrungs- und Brutbiotop für Vogelarten)? Wieviel Nistkästen sind dort aufgehängt?

7 Straßenbau in der Landschaft

7.1 Zerschneiden der Landschaft durch Verkehrswege

Ein Land braucht zu seiner Erschließung, zur Versorgung seiner Bevölkerung, für Industrie und Handel usw. *Verkehrswege*. Um das bestehende Verkehrsnetz dem Bedarf anzupassen, wurde seit den 50er Jahren ein umfangreiches Programm zur Verbesserung des bestehenden Straßennetzes und ein zusätzliches Netz von Schnellstraßen und Autobahnen von der Fachverwaltung entwickelt. Diese Vorstellungen wurden in *„Generalverkehrsplänen"*, welche der Bund und einzelne Länder herausgegeben haben, festgelegt. Darin sind die Aufgaben für die einzelnen Verkehrsträger (Bund, Land, Landkreise) auf verschiedenen Karten dargestellt. Das gesamte *Verkehrsnetz* erhalten wir aber erst, wenn wir auch noch die Schienenwege, ferner Wasserstraßen und schließlich die gemeindeeigenen Nachbarschaftsstraßen zu einem Gesamtbild ergänzen (Tab. 7).

Für das Gebiet des Regierungsbezirks Tübingen sind die „klassifizierten" Straßen, also die Bundes-, Landes- und Kreisstraßen in Abb. 9 zusammengestellt. Wasserstraßen sind – außer dem Bodensee – nicht vorhanden, und Eisenbahnen spielen in diesem Zusammenhang eine untergeordnete Rolle.

Im Gebiet der Abb. 9 wurden diejenigen Flächen ausgemessen, welche zwischen den einzelnen Straßen liegen (Tab. 8). Denn nur auf solchen Arealen, welche vom Verkehr und seinen Emissionen nicht beeinträchtigt werden, können sich Pflanzen und Tiere gesund entwickeln und Menschen erholen (vgl. *Fritz* 1976).

Der Freiraum für Pflanzen und Tiere, aber auch für Menschen (z.B. Erholungsvorsorge mit Wandergebieten, vgl. *Leutenegger* 1971),

Tab. 8: Von klassifizierten Straßen nicht zerschnittene Flächen im Regierungsbezirk Tübingen

Fläche in km^2	(A) Teilflächen Anzahl	in %	(B) Summe der Teilflächen in km^2	in %
1 – 2	181	18,06	270	2,87
2,5 – 4,5	205	20,46	723	7,68
5 – 9,5	284	28,35	1982	21,04
10 – 19,5	231	23,06	3129	33,23
20 – 49,5	91	9,08	2580,5	27,41
50 u. mehr	10	0,99	731,5	7,77
Gesamtsumme	1002	100,00	9416	100,00
Durchschnittsfläche		B/A	9,4	

U. Eichhorst, R. German: Zerschneidung der Landschaft durch das Straßennetz im Regierungsbezirk Tübingen. Veröff. Landesst. Naturschutz u. Landschaftspflege Bad.-Württ., 42. Ludwigsburg 1974, S. 72

Tab. 7: Länge der Straßen in der Bundesrepublik Deutschland

	1951	1960	1970	1975
Überörtliche Verkehrsstraßen gesamt (ohne Gemeindestraßen) in 1000 km davon:	127,6	133,4	162,4	168,2
Bundesautobahnen	2,1	2,5	4,1	5,8
Bundesstraßen	24,3	24,4	32,2	32,6
Landesstraßen	49,3	56,9	65,4	65,4
Kreisstraßen	51,9	49,6	60,7	64,4
Gemeindestraßen	219	229	270	296

G. Olschowy (Hrsg.): Natur- und Umweltschutz in der Bundesrepublik Deutschland. Hamburg: Parey 1978, S. 383

Abb. 9: Straßennetz im Regierungsbezirk Tübingen mit den dazwischenliegenden Freiflächen

Nichtklassifizierte Straßen wie z. B. Nachbarschaftsstraßen wurden nicht berücksichtigt. Freiflächen unter einem Quadratkilometer sind nicht angegeben. Beim Regierungsbezirk Tübingen handelt es sich vorwiegend um ländlichen Raum.

U. Eichhorst, R. German: Zerschneidung der Landschaft durch das Straßennetz im Regierungsbezirk Tübingen. Veröff. Landesst. Naturschutz Landschaftspflege Bad.-Württ., 42. Ludwigsburg 1974, Tafel 1

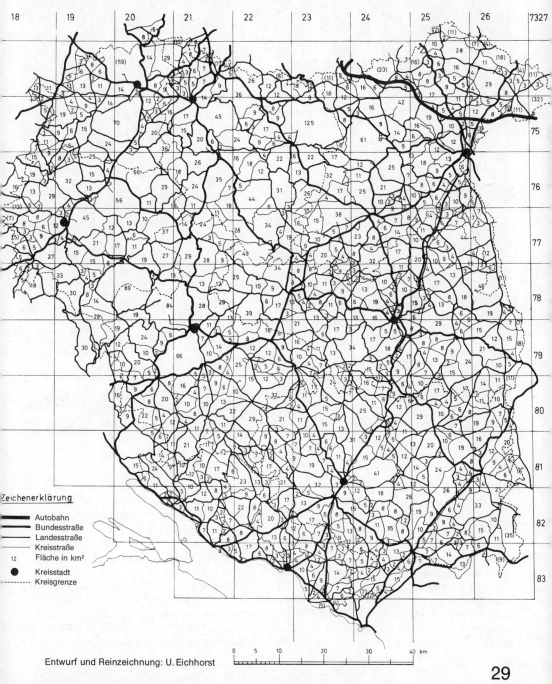

Entwurf und Reinzeichnung: U. Eichhorst

Abb. 10: Verkehrsstränge im Donautal zwischen Tuttlingen und Sigmaringen

Foto: Rupert Leser, Bad Waldsee

wird durch Neutrassierungen immer kleiner und die Belastung (Lärm, Schadstoffe) immer größer (Abb. 10). Untersuchungen innerhalb von Wäldern haben ergeben, daß selbst dort der Verkehrslärm erst in über 400 m Entfernung vom Verursacher auf die Hälfte vermindert wird. Für lärmfreie Erholung im Gebiet der Abb. 9 scheiden die Flächen bis zu 9,5 km² aus. Sie sind wegen der belasteten Randstreifen zu kleinflächig. Für eine gesunde Entwicklung aller Organismen sind jedoch möglichst große, von Straßen nicht zerschnittene Flächen nötig. Eine Verringerung der Straßenfläche bei Neubauten durch verstärkte Verwendung von Kunstbauten zur Verminderung der Randstreifen u. ä. (z. B. Mauern), trägt zur vermeidbaren Verbauung der Landschaft bei und ist abzulehnen. Mittelstreifen ohne Funktion sind einzusparen.

Straßenplanung und Landschaftspflege können heute – wie alle Planungen – nicht mehr isoliert und ohne ökologischen Hintergrund betrachtet werden. Außerdem können sie nicht nur als fachliche Spezialaufgabe gesehen werden ohne den gesellschaftlichen und ökologischen Rahmen, der das Ganze umgibt. An der Gefährdung oder gar Zerstörung unserer Lebensgrundlagen darf nicht großzügig vorbeigegangen werden, nur um zivilisatorische Bedürfnisse zu befriedigen. Ökologische Untersuchungen sind für klare Entscheidungen nötig, selbst wenn diese nur mühsam durchgeführt werden können und geplante Straßenprojekte möglicherweise verzögern. Das heißt: Bei einer Gefährdung unserer Lebensgrundlagen ist weiterer Straßenbau einzustellen, selbst wenn der Bedarf noch nicht gedeckt ist. Die Bedarfsdeckung hat zugunsten des Schutzes unserer Lebensgrundlagen als höchstes Ziel der Politik zurückzutreten.

7.2 Schadfaktoren im Straßenverkehr und die Sicherheit eines gesunden Naturhaushaltes

Der Straßenverkehr wirkt mit folgenden Schadfaktoren auf Naturkreislauf und Landschaft ein:
– durch *Abgase* (chemische und biochemische Einwirkung) auf Mensch, Pflanzen, Tierwelt und Boden; 50% der CO_2-Emissionen kommen in der Bundesrepublik aus Kraftfahrzeugen,
– durch *Abriebstoffe* von Fahrzeugen, besonders von Reifen, und von Straßenbelag sowie durch Korrosionswirkung an den Fahrzeugen (mechanische Teilchen mit teilweise chemischer Wirkung ähnlich wie bei den Abgasen, teilweise karzinogene Stoffe sowie das die Lunge gefährdende Asbest),
– durch *Öl- und Benzinreste* (Gefährdung und Verunreinigung von Boden und Grundwasser, auch durch Blei),
– durch *Auftausalze* (mechanische Sprengwirkung und Schädigung bzw. Vernichtung von Pflanzen und Tieren),
– durch *Lärm* (Lärmschutzwälle reflektieren nur den Schall und stellen außerhalb des Siedlungsbereichs eine dauernde Veränderung der Landschaft dar),
– durch *Fahrzeuge* bei Unfällen (mechanische Zerstörung etwa von Bäumen).

Die Wirkung der Schadstoffe auf die Umgebung der Straßen, welche vielfach aus landwirtschaftlichen Flächen zur Nahrungsgewinnung besteht (*Odzuk* 1978), ist weit gefährlicher als die Wirkung durch Lärm oder durch einen Unfall (mechanische Folgen). Sie soll mit den gegenwärtigen Methoden nur einen Streifen von 10 m Breite beiderseits der Straßen erreichen. Eine wesentlich breitere Schädigung ist jedoch anzunehmen. Die Anreicherung der Schadstoffe in Pflanzen der Nahrungserzeugung (Nutzpflanzen) oder im Boden kann langfristig zu echter und gefährlicher Umweltzerstörung führen, selbst wenn die gegenwärtig feststellbaren Werte unbedenklich erscheinen. Unsere bisherigen Schutzvorkehrungen und die Grenzwerte stammen aus recht kurzen Beobachtungszeiträumen. Die Ergebnisse sind daher nur vorläufig. Diese Belastungen können teilweise mit Pflanzen als Indikatoren, wie z.B. Flechten, gemessen werden (z.B. *Steubing* 1976).

Im Gegensatz zu Abwasser und Abgasen ist es bisher nicht möglich, den Boden auf technische Weise von den Umweltbelastungen zu reinigen. Selbst wenn diese Reinigung bei Wasser und Luft teilweise nur unter hohem Energieaufwand möglich ist, dürfte eine solche Maßnahme, auch wenn es Methoden dafür gäbe, beim Boden schon deshalb ausscheiden, weil der allein durch Straßen beeinträchtigte Rauminhalt so groß ist, daß dies aus Kostengründen ausscheiden muß.

7.3 Grundsätze für die Trassierung aus der Sicht von Ökologie, Naturschutz und Landschaftspflege

1. In der *freien Landschaft* sind möglichst große und von Straßen nicht zerschnittene Flächen zu erhalten, um die Leistungsfähigkeit des Naturhaushalts gemäß § 1 Bundes- und Landesnaturschutzgesetz nachhaltig zu gewährleisten. Nach den bisherigen Überlegungen scheinen wenigstens unzerschnittene Freiflächen von 20 km² mit einer Seitenlänge von etwa 5 km notwendig zu sein, um die von klassifizierten Straßen ausgehende Belastung etwa bei Erholungsgebieten auszuschalten. Größere unzerschnittene Freiflächen haben entsprechend größeren Wert für Ökologie und Erholung.

2. *Neutrassierungen von Straßen* müssen

sich, um weitere ökologisch schädliche Zerschneidung weitestgehend zu vermeiden, an alte, bestehende Straßenzüge anlehnen. Der Ausbau bestehender Straßen (mit tragbaren Verbesserungen) ist daher jeder Neutrassierung vorzuziehen.

3. *Verkehrswege* sind in erster Linie Verbindungen zwischen den verschiedenen Siedlungs- bzw. Arbeitsgebieten. Sie gehören daher unter Berücksichtigung des Schutzes der ansässigen Bevölkerung im Zweifelsfall grundsätzlich in die Verdichtungsbereiche und nicht in die freie Landschaft (einerseits Verursacherprinzip und Sicherung des Ökosystems, andererseits Bündelungsprinzip).

4. *Umgehungsstraßen* dienen dem Fluß des überörtlichen Verkehrs. Sie sind daher völlig außerhalb bzw. am Rande des Siedlungsbereichs anzulegen. Zumindest auf der Seite der Straße, welche der Siedlung abgewandt ist, sollte Bauverbot liegen, um das Einbeziehen der Umgehungsstraße in den Siedlungsbereich und damit späteren zusätzlichen Landschaftsverlust durch weitere Umgehungsstraßen für die gleiche Siedlung zu vermeiden. In Ballungsräumen und Großstädten kann eine äußere Ringstraße die Funktion einer Umgehungsstraße übernehmen. Dort sollten öffentliche Nahverkehrsmittel anschließen.

5. *Fernstraßen* dienen dem großräumigen Verkehr. Sie sollten intensiv genutzte landwirtschaftliche Flächen und Erholungsgebiete meiden oder durch breite Schutzstreifen aus Gehölz oder Wald davon getrennt sein. Die notwendige Mindesttiefe solcher Schutzstreifen (z.B. Immissionsschutz) sollte etwa 500 m umfassen.

6. *Wertvolle, besonders intensiv genutzte landwirtschaftliche Böden* sind von Straßen mit hohem Verkehrsfluß möglichst freizuhalten, um eine schnelle und starke Anreicherung der Schadstoffe im Boden und in den der menschlichen und tierischen Ernährung dienenden Pflanzen zu vermeiden. Durch Summenwirkung im Laufe längerer Zeiträume bzw. innerhalb von Nahrungsketten, der begrenzten Pufferwirkung des Bodens, der Unmöglichkeit, diesen bisher technisch von Schadstoffen reinigen zu können, liegen hier große Risiken verborgen. Die Erschließung von Erholungsgebieten durch Straßen würde besonders schädliche Wirkung nach sich ziehen und könnte den gewünschten Erfolg (Erholung) ins Gegenteil verkehren.

7. Das *Relief der Landschaft* sollte weitestgehend erhalten bleiben, d.h., die streng geometrischen und landschaftsfremden technischen Veränderungen (z.B. Dämme, Einschnitte usw.) sind auf ein Minimum zu reduzieren. *Straßendämme* und alle anderen *Wälle* in der Landschaft (z.B. Lärmschutzwälle sowie Mauern) stören die freie Sicht, verfälschen den Charakter der Landschaft und können, besonders wenn sie quer zum Oberflächengefälle verlaufen, den Luftkreislauf stören und Kaltluftseen verursachen. Dämme haben keinen ökologischen Nutzen und müssen auf ein Minimum beschränkt bleiben. Bepflanzung kann die primären Mängel nur unzureichend verdecken und behebt nicht die störende Ursache.

8. Im *innerstädtischen Bereich* ist aus Lärmschutzgründen und zur Verbesserung der Wohngebiete eine Trennung der Straßen nach Fern- und Nahverkehr und gleichzeitig eine sinngemäße, auf den Verkehr bzw. den Menschen abgestimmte Flächennutzung notwendig (z.B. Fußgängerzonen).

9. *In Ballungsräumen und in Großstädten* erscheint es fragwürdig, sowohl die Massenverkehrsmittel zu fördern, als auch große Ausfalls- bzw. Durchgangsstraßen zu bauen. Das ist kostspielig und mit besonders großen Verlusten an Grünland verbunden. Es ist daher zu prüfen, ob diese Zweigleisigkeit unter ökonomischen, ökologischen und allgemeinen Umweltgesichtspunkten vertretbar ist. Entsprechend den verkehrsfreien Fußgängerzonen sollten noch weitere große Flächen, besonders die Wohngebiete, vom Verkehr befreit werden.

10. *Überprüfung des Straßennetzes und seiner Numerierung.* Das gesamte vorhandene Straßennetz, also Bundes-, Landes-, Kreis- und Ortsverbindungsstraßen, ist auf seine Funktion hin zu überprüfen. Nicht immer erreicht der Verkehrsteilnehmer auf einer bestimmten Bundesstraße sein Ziel am schnellsten. Dies ist oft nur durch eine dem Spezialisten bekannte Kombination von Straßen verschiedenster Kategorien möglich.

Nach R. German: Gutachten für die Bundesforschungsanstalt für Naturschutz und Landschaftsökologie. In: Veröff. der Aktionsgemeinschaft Natur- und Umweltschutz Baden-Württemberg e.V., Nr. 5, Stuttgart 1978

7.4 Aufgaben des Naturschutzes bei Straßenplanungen

1. *Festlegung der Trasse (Linienführung).* Wichtige Biotope (Standorte freilebender Tiere und Pflanzen) sind vom Trassenverlauf auszusparen, weite Teile der Trasse auf bestehenden Straßen zu belassen (z. B. bei Begradigung).
2. *Feintrassierung und Planaufstellung.* Jede vermeidbare Belastung der Landschaft ist zu verhindern, wie z. B. tiefe Einschnitte oder hohe Dämme. Diese Eingriffe würden das tierische Leben, Wanderwege und Luftströmungen stören. Deshalb müssen zukünftig Brücken- und Tunnellösungen zumal in Mittelgebirgen verstärkt in die Überlegungen einbezogen werden.
3. *Ausarbeiten eines landschaftspflegerischen Begleitplanes.* Der landschaftspflegerische Begleitplan soll den Eingriff des Straßenbaus durch ergänzende Maßnahmen soweit wie möglich abmildern. Als Grundlage dazu sind zunächst einmal gründliche Erhebungen der Pflanzen- und Tierwelt im Umkreis der Trasse nötig (Pflanzenstandorte, Laichplätze, Migrationswege, Brutplätze, Wildwechsel usw.). Bei der Ausführung dieses Planes sind z. B. das Verlegen von Pflanzenstandorten (Umpflanzen), von Wanderwegen, von Fließgewässern und Altwässern und vor allem eine standortgerechte Bepflanzung der Straßenränder durchzuführen (Schutzzonen). Außerdem ist die Neigung der Böschungen festzulegen. Die vielfach üblichen Böschungen von 1:1 bis 1:2 (45° bzw. 27°) sind selbst in Mittelgebirgen meist landschaftsfremd (→ Kap. 13). Sie sollten flacher ausfallen. In diesem Fall werden zwar größere Flächen während des Baues benötigt. Es ist jedoch das Problem, ob diese veränderten Flächen wie bisher im Zuge des Straßenbaues vom Bauträger aufgekauft – und später auch gepflegt – werden sollen oder ob die Grundeigentümer mit dieser Änderung auf ihrem Grundstück (Anhebung bzw. Absenkung) einverstanden sind und dies nach dem Eingriff wieder nutzen.

Im Interesse der Erhaltung des Landschaftsbildes und einer guten Einbindung der Straße in die Landschaft ist diese Veränderung nötig. Eine wichtige Aufgabe bei Straßenbauarbeiten ist es, nicht mehr benötigte Teile von Straßenkörpern zu beseitigen (Verwendung im neuen Straßenkörper oder Ablagerung auf Deponie), um die Natur nicht unnötig mit Bauwerken zu belasten. Gelegentlich kann eine vom Verkehrsfluß abgeschnittene frühere Kurve als Parkplatz ganz nützlich sein. Die Regel darf es nicht werden. Manche zum Wald- oder Feldweg abgestufte Straße kann noch gute Dienste tun, ist aber in ihrer alten Größe nicht notwendig und kann daher wenigstens zu einem Teil abgebaut werden, damit dort wieder eine sinnvolle Nutzung durch Land- oder Forstwirtschaft oder Wildwuchs möglich wird (sog. Rückbau).

Aufgaben:
1. Messen Sie auf topographischen Karten 1:25 000 oder 1:50 000 die Länge aller klassifizierten Straßen Ihres Heimatkreises sowie die Flächen zwischen diesen Straßen. Wie groß ist die Straßendichte? Stellen Sie die Freiflächen in einer Tabelle ähnlich Tab. 8 zusammen. Vergleichen Sie die Freiflächen mit Tab. 8. Wie ist demnach die Erholungseignung?
2. Welche Straßen in der Umgebung würden durch nachträgliche Bepflanzung im Sinne eines vereinfachten landschaftspflegerischen Begleitplans (Bepflanzungsplan) landschaftlich und ökologisch gewinnen (besonders offene Landschaften, heckenarme Gebiete)?
3. An welchen Stellen hätten Tunnellösungen beim Straßenbau landschaftsschonend gewirkt?
4. Wo würden Brücken über ein Tal ökologisch günstiger wirken als hohe Dämme oder Serpentinen am Talhang?
5. Wie könnten bestehende Straßen landschaftlich und ökologisch besser trassiert werden, wenn sie erst heute geplant würden?
6. Wie ist die Lage von Ackerflächen unmittelbar neben verkehrsreichen Straßen zu beurteilen? – Wie wäre sinnvolle Abhilfe zu schaffen?

8 Bauen und Landschaftsplanung

8.1 Naturschutz und Bauen (Landverbrauch)

Beim staatlich geförderten Wiederaufbau nach 1945 standen lange Zeit meist städtebaulich-kommerzielle Interessen im Vordergrund. Die Vorhaben wurden vielfach ohne Beachtung der Grundsätze der Grün- und Landschaftsplanung abgewickelt, so daß dabei Schäden für Menschen und Landschaft entstanden (Bauen auf wertvollen Böden und Pflanzenstandorten; an exponierter Stelle usw., vgl. Landschaftsschäden → Kap. 14). Sie sind nachträglich nur schwer, falls überhaupt zu korrigieren (finanzielle Fehlinvestitionen, ökologische Schäden, vgl. *Fliri* 1970). Bei der Sanierung der Innenstädte bzw. der Ortskerne könnten durch Umwandlung von überbauten Flächen in Grünfläche Konsequenzen gezogen werden. Nicht nur moderne Bauten, sondern auch eine aufgelockerte Bauweise mit *Grüngürteln* bzw. *Grünstreifen* (→ Kap. 8.3) würden zur Verbesserung der Lebensqualität beitragen. Lediglich mit einem Baum hier und einem Strauch dort ist nicht viel getan.

Freizeit und Streß brachten es mit sich, daß immer mehr Menschen aus den Randbereichen der Großstädte aufs Land drängen. Durch Zweitwohnsitze, Ferienhäuser, Campingplätze, Wochenendhäuser, (Wander-) Parkplätze, Lifte usw. führt diese Entwicklung zu weiterem Verbrauch an offener Grünfläche und vermindert den Außenbereich (→ Kap. 8.5). Die überbaute „versiegelte" Fläche (verstärkter Abfluß des Niederschlags, Verminderung der ökologisch wirksamen Fläche)

Abb. 11: Wachstum der Stadt Würzburg von 650 bis 1973

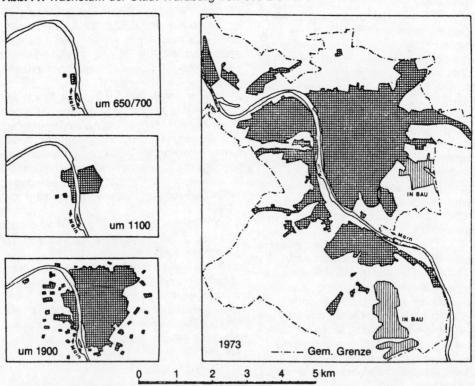

K. Buchwald, W. Engelhardt (Hrsg.): Handbuch für Planung, Gestaltung und Schutz der Umwelt, Bd. 1. München: BLV Verlagsgesellschaft 1978, S. 25

Um 650 bis 700 liegt die Urzelle der späteren Stadt als kleine Siedlung links des Mains unter der Burg auf dem späteren Marienberg. Das Hochmittelalter mit dem wirtschaftlichen Aufschwung der Städte bringt ein starkes Wachstum. In der zweiten Hälfte des 19. Jahrhunderts dringt die Bebauung mit dem industriellen Aufschwung über die alten Festungswälle hinaus. Das ehemalige Glacis wurde zum Ringpark als Naherholungsgebiet für Innenstadt und Außenviertel umgestaltet.

innerhalb der Bundesrepublik verdoppelte sich auf diese Weise innerhalb von 30 Jahren (Tab. 4) und beträgt z. B. in Baden-Württemberg über 10 % der Landesfläche. Bei Weiterführung dieser Bautätigkeit könnte Baden-Württemberg bis zum Jahr 2161 völlig überbaut sein. Das starke Flächenwachstum von Würzburg innerhalb von 1300 Jahren zeigt Abb. 11.

Die Schwerpunkte der Arbeit von Naturschutz und Landschaftspflege bei Baufragen bestehen darin,
– landschaftlich brauchbare Flächen für Baugebiete und Einzelbaumaßnahmen (landschaftsgemäße Besiedlung, → Kap. 8.4),
– die Erarbeitung eines landschaftspflegerischen Begleitplans, eines Grünordnungsplans bzw. Landschaftsplans,
– den Erhalt oder eine Ausdehnung der Grüngürtel, Grünflächen bzw. Naturdenkmäler,
– ggf. eine sinnvolle Eingrünung der bebauten Flächen (Sichtschutz) zu erreichen.

Dazu ist eine eingehende Kenntnis der gesamten Landschaft einschließlich ihrer Kleinstrukturen (Hecken, Einzelbäume, Naturdenkmäler, Hänge, Hügel usw.) und der ökologisch wertvollen Biotope nötig. Die Veränderungen der *Biosphäre* in einer Großstadt zeigt Abb. 12.

Abb. 12: Veränderung der Biosphäre in einer Großstadt und in deren Umgebung

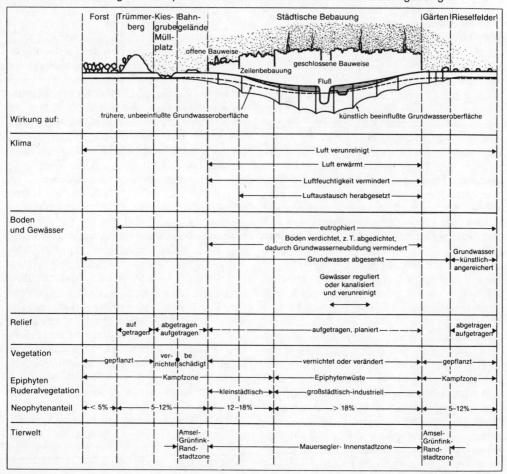

K. Buchwald, W. Engelhardt (Hrsg.): Handbuch für Planung, Gestaltung und Schutz der Umwelt, Bd. 2. München: BLV Verlagsgesellschaft 1978, S. 330

8.2 Bauleitplanung

Unter Bauleitplanung versteht man die Regelung der Bauplanung auf Gemeinde-Ebene. Wenn sich sonst selbständige Gemeinden zu Planungszwecken zusammenschließen, erfolgt die Planung im Nachbarschaftsverband. Zunächst wird der *vorbereitende Bauleitplan* oder *Flächennutzungsplan* aufgestellt. Dieser umfaßt das gesamte Gemeindegebiet, also auch den Außenbereich und nicht nur die Siedlungsfläche (Laufzeit ca. 15 Jahre).

Bei der Berechnung der benötigten Bauflächen wurde bisher eine Bevölkerungsvermehrung vorausgesetzt. Diese Zahlen sind jetzt meist überholt, so daß der Landverbrauch – wenn überhaupt – geringer angesetzt werden kann. Der Außenbereich im Flächennutzungsplan umfaßt zum größten Teil Gebiete, die nicht bebaut werden sollen, sondern der Nutzung durch Land- und Forstwirtschaft oder gar ökologischen Freiflächen vorbehalten bleiben. Damit erfordert die Arbeit am Flächennutzungsplan außer dem Stadtplaner auch Ökologen oder Landschaftsplaner. Diese haben die Belange von Natur und Landschaft fachgerecht zusammenzustellen (Boden, Wasser, Luft, Klima, Tier- und Pflanzenwelt, Bestand an Bäumen, Hecken, wichtige Pflanzenstandorte, Trockenrasen, Feuchtgebiete usw.), damit später die Veränderungen nachgewiesen werden können. Um diese Naturgüter zu sichern, soll zeitlich vor dem Flächennutzungsplan ein *Landschaftsplan* als eine Art ökologischer Fachplan gefertigt werden. Er ist das gesetzliche Mittel, mit dessen Hilfe der Naturschutz seine Vorstellungen im Rahmen der Bauleitplanung einbringt. Hier sind u. a. auch Flächen für Materialentnahme (→ Kap. 11 und Kap. 12), Verkehrsstraßen mit Schutzzonen (→ Kap. 7), Grünzonen usw. aufzunehmen bzw. freizuhalten. Die Zusammenstellung des Ist-Zustandes bildet den *Grundlagenteil* im Landschaftsplan. In der nachfolgenden *Analyse* werden dann die Wechselbeziehungen der einzelnen Landschaftsglieder und Naturgüter beschrieben, während der abschließende *Entwicklungsteil* die politisch gewünschten Zielvorstellungen und Maßnahmen darstellt, welche für die Erhaltung, Pflege und Entwicklung der gesamten Gemarkungsfläche für nötig gehalten werden. In Nordrhein-Westfalen erhält der Landschaftsplan Rechtskraft, während dies in den übrigen Bundesländern nur beim Flächennutzungsplan möglich ist. Im Interesse der nachhaltigen Sicherung eines gesunden Naturkreislaufes ist es notwendig, daß ökonomische und ökologische Gesichtspunkte rechtlich mindestens gleichberechtigt auftreten.

Im überbauten Teil ist die landschaftsplanerische Arbeit deshalb so wichtig, weil früher meist ein Gesamtkonzept fehlte. Wie oft werden heute noch die bestehenden alten innerstädtischen Grünflächen unterbewertet und für Straßenbaumaßnahmen oder für Hochbauten gerne verwendet. Dabei ist eher eine Auflockerung der massiv überbauten innerstädtischen Flächen aus siedlungsgeographischen Gründen notwendig (Frischluftzufuhr, Gliederung usw.).

Der *Bebauungsplan* ist die parzellenscharfe Ausgestaltung des Flächennutzungsplans. Er wird nur für diejenigen Teile der Gemeinde erstellt, welche jeweils durch Baumaßnahmen eine Veränderung erfahren sollen. In diesem für jeden Bürger verbindlichen Plan werden Bauparzellen, Höhe der Bauten, Dachneigung usw., aber auch Fußwege und Grünstreifen festgelegt. Bei der Aufstellung der Bebauungspläne muß auf eine sinnvolle, der umgebenden Landschaft wie auch der Stadt angepaßte Höhengliederung der Gebäude, auf zweckmäßige Anordnung der Straßen (Lärmschutz) und Zuordnung der Garagen geachtet werden. Entsprechend wie der Landschaftsplan den Flächennutzungsplan ergänzt, wird dies beim Bebauungsplan durch den Grünordnungsplan bewirkt. Er wird als Fachplan (§ 9 BBauG) in den Bebauungsplan übernommen. Aufgabe des Naturschutzes bzw. des Planers ist es, den Grünbestand, z. B. Naturdenkmäler, Parkanlagen, Schloßgärten, Alleen, Hangwälder usw., oder wichtige Freiflächen aufzunehmen bzw. zu erhalten oder sogar weiterzuentwickeln (qualitativ oder durch Vergrößerung der Fläche). Diese Grünbestände können unter Schutz gestellt werden (→ Kap. 15). Durch die Verwendung von Auftausalz und die Einwirkung von Emissionen (bes. SO_2) sind innerstädtische Grünflächen besonders neben Straßen gefährdet (Baumpflege).

8.3 Gliederung einer Stadt

Trotz vieler Experimente und neuer Vorschläge (Gartenstadt, funktionell gegliederte Stadt, Trabantenstadt, autogerechte Stadt usw.) sowohl von Planungsbüros als auch von der Bundesanstalt für Raumordnung ist es bisher noch nicht gelungen, allgemeinverbindliche *Leitbilder für die Stadt der Zukunft* zu finden. Zum Teil hängt dies damit zusammen, daß auch hier, ebenso wie bei der Bauleitplanung, die Entwicklung bisher meist einseitig auf dem bauplanerisch-technischen Sektor erfolgte (Verbauung der Fläche). So ist z.B. die „Charta von Athen" aus dem Jahr 1933 mit ihrer Gliederung nach den verschiedenen Funktionen (Wohnen, Arbeiten, Verkehr, Erholung) heute überholt, weil die industrielle Produktion nicht, wie damals angenommen, die dominierende Rolle spielt. Der tertiäre Sektor (Dienstleistungsbereich) ist heute bedeutsamer geworden und verträgt sich räumlich mit der Funktion Wohnen gut (Minderung der Verkehrsprobleme). Bei unverträglicher Nutzung oder widerstrebender Funktion sind Trennung in verschiedene Flächen und Abstände (Grün) nötig (Wohn-, Gewerbe-, Industriegebiete). Ein Musterbeispiel für vielschichtige Fehlplanung (z.B. Wärme, Lärm) ist das Bundesdemonstrationsbauvorhaben Emmertsgrund in Heidelberg (*Eichler* 1975, 1977). Bei geoökologischen Überlegungen hätten die Probleme vermieden werden können. Die verschiedenen klimatischen Beziehungen bei Häusern und Vegetation zeigt Abb.13.

Für lebenswerte Wohn- und Arbeitsverhältnisse kann zukünftig nicht etwa die autogerechte, sondern nur eine *menschengerechte Stadtplanung auf ökologischer Grundlage* Bedeutung besitzen. Dabei kann eine starke Auflockerung der Baumassen durch Grüngürtel z.B. entlang von Flußläufen (vgl. Umschau 1976, S.334) als Grundlage für Frischluftzufuhr und Verkehrsströme erfolgen oder in radialer oder konzentrischer Weise (Grüngürtel in Köln, Ringpark in Würzburg). Die Durchführung einer Gartenschau könnte Anlaß sein, auch die Wohnlichkeit einer Stadt auf diese Weise zu verbessern und nicht nur eine bisher schon grüne Fläche in die Bebauung einzubeziehen. Großzügige Grünzüge sind

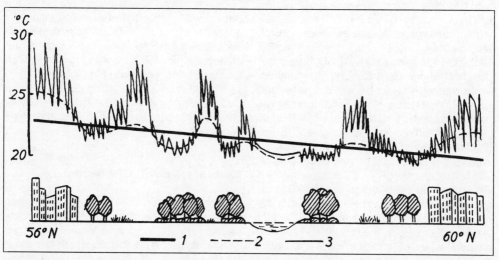

Abb. 13: Gegenseitige Beziehungen von Makroklima, Lokalklima und Mikroklima aufgrund von Schwankungen der Mittelwerte von Julitemperaturen

1 = Makroklima, Lufttemperatur oberhalb der bodennahen Luftschicht in mehr als 2 m Höhe
2 = Lokalklima, Lufttemperatur an der Oberfläche der bodennahen Luftschicht in 2 m Höhe gemessen
3 = Mikroklima, Lufttemperatur in 5 cm Höhe

B. Stugren: Grundlagen der allgemeinen Ökologie. 3. Aufl. Jena: Fischer 1978, S. 83

allein auch deshalb nötig, weil durch zu starke Versiegelung der Stadtoberfläche der Grundwasserspiegel abgesenkt wird und dadurch die Grünbestände gefährdet werden (Abfluß großer Teile des Niederschlags durch die Kanalisation). Die elementaren Grundsätze über Luftströmungen und Kleinklima sind der Wissenschaft seit Jahrzehnten bekannt. Nunmehr hat das Innenministerium Baden-Württemberg auch auf diese natürlichen Möglichkeiten zur Verbesserung der Wohnlichkeit unserer Städte durch Zusammenstellung einer „Klimafibel" hingewiesen (Stern-, Ring-, Kammsystem, Frischluftschneisen, Grünzüge; vgl. z.B. *Buchwald & Engelhardt* 1978). Wie der Rat von Sachverständigen (1978, S.337) feststellt, kommen diese Probleme daher, daß das Planungspersonal der Gemeinden für außertechnische Aufgaben unzureichend ausgebildet ist und landschaftspflegerisch-ökologische Probleme bisher beim Städtebau vernachlässigt wurden.

Die Luftverunreinigung kann mit Hilfe von Pflanzen, besonders Flechten, als Anzeiger (Indikator) festgestellt werden (Abb. 14).

Schließlich sollte jeder Bewohner kurzen Zugang zu einem Gartengrundstück haben, das zu Fuß, mit dem Fahrrad oder mit öffentlichen Verkehrsmitteln erreichbar ist.

Die *Siedlungsränder* sind landschaftspflegerisch besonders wichtig. Waren diese zumindest bei Ortschaften früher durch einen Obstbaumgürtel verdeckt, so ist dieser durch Baumaßnahmen oder Schlagprämien der EG weitgehend vernichtet. Die Stadtränder begleiteten früher recht unschöne Abfallhaufen. Heute grenzen oft Hochhäuser, Industrie- und Gewerbegebiete u. a. ohne Begrünung an die freie Landschaft. Deshalb bietet das BBauG § 9 die Möglichkeit, am Siedlungsrand Grünflächen auszuweisen. Dies können sowohl „öffentliche" als auch „private Grünflächen" sein. Zur Schonung der Gemeindefinanzen wird diese Aufgabe meist auf die Grundstücksbesitzer abgewälzt. Bedingt durch die Flächengröße der Gärten sieht der Effekt im letzteren Fall jedoch meist sehr bescheiden aus und ist landschaftlich in der Regel unbefriedigend. Ein Gürtel von Sträuchern und Bäumen würde den Eindruck von der freien Landschaft auf die Hausflächen abmildern. Noch wichtiger als am Außenrande von Wohnbebauung ist ein breiter Grünstreifen

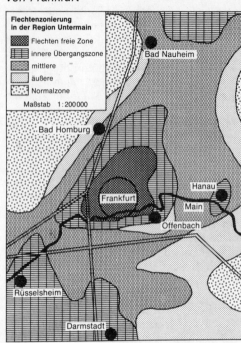

Abb. 14: *Flechtenzonierung in der Umgebung von Frankfurt*

K. Buchwald, W. Engelhardt (Hrsg.): Handbuch für Planung, Gestaltung und Schutz der Umwelt, Bd. 2. München: BLV Verlagsgesellschaft 1978, S.173

(möglichst über 10 m), jedoch bei Gewerbe- und Industriegebieten auf *allen* Seiten, um die oft häßlichen und großflächigen Bauten abzudecken und Emissionen auf andere Flächen zu mildern. Die Bedeutung der Hecken für die Lärmabschirmung wird meist überschätzt. Schließlich spielt der Farbton von Bauwerken am Siedlungsrand und im Außenbereich eine wichtige Rolle (meist zarte Farben im Grau-Beige-Ton).

8.4 Landschaftsgemäße Besiedlung

Unsere Vorfahren haben ihre Siedlungen meist aufgrund der Standortfaktoren Boden, Wasservorkommen, Verkehrsgunst usw. gewählt. Inzwischen sind z.B. durch die Industrialisierung noch weitere (z.B. Rohstofflager, Arbeitskräfte usw.) dazugekommen bzw. haben die bestehenden neue Aspekte bekommen (z.B. durch neue Verkehrswege wie Schnellstraßen, Wasserstraßen usw.). Die früher landschaftsgemäßen Überlegungen sind heute meist finanziellen Gesichtspunkten gewichen. Viele Siedlungen haben sich daher (oft planlos) in alle Himmelsrichtungen ausgedehnt. Dabei sind ökologisch und landwirtschaftlich wertvolle Flächen (z. B. Filder) überbaut worden. Solche Fehlentwicklungen lassen sich nachträglich kaum oder nur schwer ändern und sind Landschaftsschäden (→ Kap. 14). Bedauerlicherweise werden sie von den politisch Verantwortlichen meist erst bemerkt, wenn der Schaden vorhanden ist. Stärkere Berücksichtigung landschaftspflegerischer Fachgutachten könnte manche Fehlentwicklung verhindern.

Die Raumforschung untersucht häufig unter geographischen Aspekten und nach zivilisationsbedingten Grundsätzen die Anordnung von Bauflächen und die Gliederung der Landschaft. Trotz vielfältiger Planung konnte jedoch nicht verhindert werden, daß dabei bzw. bei der Verwirklichung gravierende Fehler gemacht wurden. Auf diese Weise sind z. B. Splittersiedlungen, Bandsiedlungen, Streusiedlungen, Hochhäuser an landschaftlich falschem Standort usw. entstanden bzw. wurden hochwassergefährdete Talauen überbaut. Diese Entwicklung hat mehr oder weniger zur *Zersiedlung* und zu vermeidbarer Belastung der Landschaft geführt. Der Rat von Sachverständigen für Umweltfragen (1978, S. 342) möchte eine *„durchgrünte Verdichtung"* der Siedlungsräume und nicht nur der Siedlungsränder zugunsten besserer Lebensqualität erreichen.

Zusammenfassend ist festzustellen: Wir müssen wieder naturgemäßer planen und Landschaftsteile nach ihrer ökologischen Funktion einsetzen (z. B. Talauen für Wasserabfluß). Dabei sind für Pflanzen und Tiere wichtige Flächen, z. B. wertvolle Biotope (→ Kap. 14 und Kap. 16), Ufer von Gewässern (→ Kap. 17) usw. besonders zu schonen. Die sinnvolle Nutzung der Landschaft ist durch Flächenbilanzen über die Nutzung bzw. den Nachweis der Landschaftsschäden laufend zu überwachen (Tab. 16).

8.5 Bauen im Außenbereich

Das Bauen im Außenbereich belastet die freie Landschaft in besonderem Maße (*Mattern* 1973 a und b). Nicht nur optisch wirken Einzelbauten – auch bei Bepflanzung – zersiedelnd und sind eine Belastung für den Naturkreislauf, weil sie selten oder nur in Ausnahmefällen und dann unter neuen Belastungen an Ver- und Entsorgungsleitungen angeschlossen werden können. Um zu geringerer Inanspruchnahme von Grünland (Schlagwort: *„Landverbrauch"*) zu kommen und die Belastung des Naturkreislaufs geringer zu halten, empfiehlt sich daher anstelle von Einzelbauvorhaben im Außenbereich (Gartenhäuser, Zweitwohnungen, Ferienwohnungen, Campingplätze, Sportplätze, Schießstände, Umspannwerke, Straßenmeistereien, Vereinsheime usw.) die Anlage geschlossener Gebiete am Siedlungs*rand*. Dadurch kommen auch Ferienhausbewohner, Zweitwohnungsinhaber, Campingplatzbesucher usw. in den Genuß der Infrastruktur des Ortes und können diese Ziele unter Umständen mit öffentlichen Verkehrsmitteln oder sogar zu Fuß erreichen (Verkehrsminderung und verminderte Umweltbelastung). Außerdem kann auf diese Weise ein brauchbarer Grüngürtel am Siedlungsrand entstehen.

In der freien Landschaft kommen immer noch genügend mehr oder weniger *unvermeidbare* Bauwerke vor, wie z. B. Aussiedlerhöfe, Türme, Fernsehumsetzer, Freileitungen, landwirtschaftliche Schuppen, Weinberghäuschen, Bienenstände usw. Bei allen diesen Anlagen ist es wichtig, daß sie landschaftlich geschickt plaziert und aus Gründen des Sichtschutzes standortgemäß bepflanzt werden. Beispiele für falsche Lagen von Baumaßnahmen sind in Tab. 15 und 16 angeführt.

8.6 Regionalpläne, Landesentwicklungsplan, Landschaftsplanung

Um die Entwicklung größerer Gebiete über die Gemeindefläche hinaus aufeinander abzustimmen, wurden für jede Region, also mehrere Kreise, der Regionalplan und für das Bundesland Baden-Württemberg der Landesentwicklungsplan zusammengestellt. Sie werden vom *Landschaftsrahmenplan bzw.*

39

Landschaftsrahmenprogramm ebenso begleitet wie Flächennutzungsplan und Bebauungsplan von Landschaftsplan und Grünordnungsplan. Alle diese Planungen im ökologischen Bereich werden als *Landschaftsplanung* zusammengefaßt. Wie überall ist dabei das Zusammenwirken von vorwiegend raumbezogenen (erdwissenschaftlichen) mit ökologischen (biologischen) Vorstellungen wichtig, um langfristige, gute und doch auch zweckmäßige Lösungen auszuarbeiten.

In letzter Zeit wurden viele solcher und ähnlicher Pläne erstellt (z. B. im Rahmen der „Agrarstrukturellen Vorplanung", AVP). Auch hier wären ökologische Bilanzen angebracht (vgl. *German* 1977a).

Im *Landesentwicklungsplan Baden-Württemberg* aus dem Jahre 1972 — eine Fortschreibung steht seit dem Jahre 1976 aus — sind die politischen Ziele noch in der Reihenfolge wirtschaftliche, kulturelle und endlich ökologische aufgeführt. Dies muß unter heutigen Gesichtspunkten geändert werden. Die ökologischen Erkenntnisse (s. Ökologisches Manifest, Tab. 26, S. 89) zwingen zu einer neuen Reihenfolge, sofern die Probleme der Zukunft nicht noch vergrößert werden sollen (s. z. B. Global 2000).

Angeregt durch Arbeiten aus Nordamerika, spielt in der Landschaftsplanung die elektronische Datenverarbeitung eine Rolle. Zur Erfassung der ökologischen Daten im „Landschaftsdatenkatalog" wird ein quadratisches Raster über die Landschaft gelegt. Werden diese Flächen klein genug gewählt, besteht die Aussicht, daß möglichst viele Vorkommen und deren Verteilung berücksichtigt werden können (Bayern z. B. 1 km², Schweiz 1 ha). Der Landschaftsdatenkatalog enthält 80 Merkmalgruppen, welche wieder in 6 bis 10 Einzelmerkmale eingeteilt sind (z. B. Neigung, Nutzung, Bodenarten, Straßen, Naturdenkmale usw.). Ob mit diesen Rastern die zahlreichen, oft nur wenige Ar großen Biotope unserer Kulturlandschaft wirksam geschützt werden, erscheint fragwürdig.

Aufgaben:
1. Stellen Sie die Vorzüge zusammen, welche Grünzüge für eine Stadt besitzen können.
2. Ermitteln Sie die (durchschnittliche) Fläche von Hausgärten in den verschiedenen Wohngebieten und die Anzahl der darin stehenden Bäume.
3. Welche Flächen nehmen Obstbaumgürtel bzw. Grünanlagen am Rande von Siedlungen ein? Wieviel Bäume stehen darauf? Welcher Prozentsatz der Siedlungsfläche wird vom Obstbaumgürtel, welcher von Grünanlagen eingenommen?
4. Wieviel Bäume von etwa 5 m Kronendurchmesser lassen sich in den Gärten der Aufgabe 3 höchstens pflanzen?
5. Wieviel Bäume von 10 m Kronendurchmesser wären nötig, um am Stadtrand einen Grüngürtel von etwa 100 m Tiefe anzulegen (Abstand der Stämme etwa 20 m)?
6. Tragen Sie die Bäume in Ihrer Stadt auf einem Stadtplan ein und stellen Sie die verschiedenen Baumarten zusammen (ggf. Flurkarten 1:2500 oder 1:5000 verwenden; Vermessungsamt bzw. Stadtmessungsamt).
7. Welche Bäume sind durch Salz stark gefährdet (zu niedriger Randstein), welche durch zu geringe freie Bodenfläche infolge Befestigung der Oberfläche?
8. Gibt es in Ihrer Stadt eine Baumschutzverordnung, in der Einzelbäume, Baumgruppen und Alleen aufgeführt sind? Welche stehen als Naturdenkmale und geschützte Grünbestände (→ Kap. 15) unter Schutz?
9. Welche Bauten bzw. Stadtteile behindern den Luftaustausch mit der Umgebung? (Mikroklimatische Wirkung von Seitentälern, Wald-Stadt-Gegensatz usw. beachten.) Wo liegen in Ihrer Stadt die Hauptdurchzugswege der Luftströmungen bei West-(Ost-)Wind? In welcher Himmelsrichtung sollten emissionsträchtige Betriebe am Siedlungsrand liegen?
10. Messen Sie die überbaute Fläche in einem Einfamilienhausgebiet bzw. in einem „Verdichtungsgebiet" (Hochhäuser, Mehrfamilienhäuser, Reihenhäuser) und vergleichen Sie diese jeweils mit der dazwischenliegenden Grünfläche.
11. Ermitteln Sie die Lage alter Siedlungskerne und beschreiben Sie die Beziehungen zu Fließgewässern.
12. Stellen Sie ähnlich wie in Abb. 4 den Wasserhaushalt im Siedlungsbereich, auf einem Acker und einer Wiese dar.

III Erdwissenschaftliche Aufgaben des Naturschutzes

9 Geologische Naturdenkmäler

Jede Landschaft besitzt prägende Kennzeichen, welche das Wesen dieser Gegend bestimmen. Solche landschaftstypischen Kennzeichen oder auch das Gegenteil davon, nämlich seltene Einzelbildungen der Natur, sog. Naturgebilde in der Landschaft, können als Naturdenkmal (Abb. 15) geschützt werden (BNatSchG § 17, NatSchG § 24 [1], Z. 3). Dies kann aus wissenschaftlichen, naturgeschichtlichen oder auch aus kulturellen Gründen erfolgen. Nach dem Gesetz können dies „insbesondere Felsen, Höhlen, Wanderblöcke, Gletscherspuren, Quellen, Wasserfälle, seltene historisch bedeutsame oder wertvolle Bäume sowie besondere Baum- und Gebüschgruppen sein". Neben solchen Einzelbildungen der Natur ist es aber auch möglich, großflächigere Bildungen zu schützen. Dazu gibt es den Rechtsschutz eines *flächenhaften* Naturdenkmals. Beispiele dafür sind „insbesondere kleinere Wasserflächen, Wasserläufe, Moore, Streuwiesen, Röhrichte, Haine, Heiden, Felsgruppen, Steinriegel, erdgeschichtliche Aufschlüsse, Steilufer, Bodenformen, bedeutsame Grünbestände, besondere Pflanzenvorkommen, Laich- und Brutgebiete, Einstände und Wechsel (Migrationswege) von Tieren" (NatSchG § 24). Das Wort „insbesondere" am Beginn der Aufzählungen der Naturgebilde und der flächenhaften Naturdenkmäler besagt, daß die Liste nicht vollständig ist, d. h. daß durchaus weitere Bildungen der Natur, sofern solche gefunden werden, ebenfalls geschützt werden können. Bei flächenhaften Naturdenkmälern ist es möglich, auch die Umgebung des schützenswerten Gebildes (in Baden-Württemberg nur bis zu einer Fläche von insgesamt 5 ha) unter Schutz zu stellen. Dies ist z. B. besonders bei

Abb. 15: Naturdenkmal „Steinernes Weib", Landkreis Göppingen

Foto: I. Nittinger, Neuhausen

Höhlen, Mooren und auch bei Felsgruppen von Bedeutung. Bei mehr als 5 ha Grundfläche eines zu schützenden Objekts muß in Baden-Württemberg die Rechtsform eines Naturschutzgebietes benützt werden.

Während Bäume als Naturdenkmäler – wenn auch erst in langen Jahren – wieder nachwachsen können, ist dies bei geologischen Erscheinungen nicht der Fall. Die neben dem Schutz häufig geübte „Erschließung" solcher Naturdenkmäler (Feuerstellen, Lagerplätze usw. in deren Nähe) führt nicht selten zur unwiederbringlichen Zerstörung. Dies stellt eine Ordnungswidrigkeit (§ 64 NatSchG; Tab. 18) dar. Die Eingliederung geologischer Naturdenkmäler in Lehrpfade empfiehlt sich, um ein abgeschlossenes Bild einer Landschaft bzw. eines Landschaftsteils zu ermöglichen (vgl. *German* 1974b).

Aussehen und Entstehung geologischer Erscheinungen sind den geologischen Lehrbüchern (z. B. *German* 1979a) zu entnehmen. Die

Tab. 9: Verteilung der Naturdenkmale in der Bundesrepublik Deutschland auf die einzelnen Bundesländer

Bundesland	ungefähre Gesamtzahl	Naturdenkmale Anzahl der Bäume	geologische Naturdenkmale
Schleswig-Holstein	920	800	75
Hamburg	29	18	3
Niedersachsen	3 950	2 860	430
Bremen	29	29	–
West-Berlin	280	230	35
Nordrhein-Westfalen	8 760	7 370	880
Hessen	3 070	2 550	220
Rheinland-Pfalz	2 640	1 890	450
Saarland	500	420	40
Baden-Württemberg	5 640	4 190	620
Bayern	9 250	6 950	1 170
	35 068	27 307	3 923

Die restlichen ca. 4000 Naturdenkmale entfallen auf Hecken, Quellen, historische Naturdenkmale, Pflanzenbestände etc.

G. Olschowy (Hrsg.): Natur- und Umweltschutz in der Bundesrepublik Deutschland. Hamburg: Parey 1978, S. 774

Anzahl der in der Bundesrepublik Deutschland geschützten Naturdenkmäler ist in Tab. 9 zusammengestellt. Steinbrüche sind aus geologischen Gründen nur in Ausnahmefällen schützenswert, wenn sie wichtige Grenzen oder Typus-Schichten der Erdgeschichte zeigen, die für die Wissenschaft von entscheidender Bedeutung sind, oder wenn sie Erscheinungen der Geologie in besonders schöner Weise aufschließen (*German* 1974a) (zur Rekultivierung von Steinbrüchen, einschließlich der geomorphologischen Wiedereingliederung, → Kap. 12).
Die Entscheidung, welche geologischen Erscheinungen für eine Landschaft typisch oder selten sind, hängt von ihrem geologischen Bau (Baustruktur, Schichtenabfolge, Lagerstätten usw.), den Oberflächenformen (Geomorphologie; vgl. auch naturräumliche Einheiten), dem Klima und den in der Vergangenheit schon zerstörten oder erschlossenen Erscheinungen (z. B. Höhlen, Moore usw.) ab. Für die Schwäbische und Fränkische Alb sind z. B. Dolinen und Höhlen typisch (zur Aufnahme der Dolinen in Baden-Württemberg vgl. *German* 1980b), während Meteoritenkrater (z. B. das Ries) eine sehr seltene Erscheinung bilden. Bisher sind auf der Schwäbischen Alb 305 Naturdenkmäler geschützt (Tab. 10). Vulkanische Erscheinungen gelten in den meisten Landschaften Mitteleuropas als Ausnahme. Örtlich, wie z. B. in der Eifel, sind sie häufiger vertreten.
Für Landschaften mit Felsbildungen scheint der „Felsenfaktor" (*German* 1980a) aufgrund erster Untersuchungen eine kennzeichnende Größe zu sein. Darunter versteht man die Grundfläche an vegetationsfreien Felsbil-

Tab. 10: Geologische Naturdenkmale auf der Schwäbischen Alb in den Regierungsbezirken Stuttgart und Tübingen

	Stuttgart	Tübingen
Bohnerzgruben	1	–
Dolinen (Erdfälle)	5	20
Felsen (Abb. 15), Felsgruppen	72	61
Gewässer, stehende (Tümpel, Hülben)	17	1
Höhlen	21	44
Quellen, Quelltöpfe	13	41
Steinbrüche	1	7
Vulkanschlote	13	7
Wasserfälle (teilweise Sinter)	4	3
Sonstige	8	6
insgesamt	155	190

R. German: Naturschutz und Karstforschung auf der Schwäbischen Alb. In: Karst und Höhle, 1978/79, S. 18. München 1979

dungen, welche auf dem Areal einer bestimmten Landschaft oder eines bestimmten geologischen Schichtgliedes vorkommt. Die Felsbildungen am Nordrand der Schwäbischen Alb besitzen eine Verbreitung in der Größenordnung von etwa 10 ppm (parts per million; $^{1}/_{1\,000\,000}$).

Aufgaben:
1. Stellen Sie alle Ihnen bekannten geologischen Einzelerscheinungen zusammen!
2. Welche geologischen Naturdenkmäler kommen in Ihrer Heimat (Ihrem Landkreis) vor?
3. Welche (geologisch einheitlichen) Landschaft(en) liegen in Ihrer Umgebung?
4. Welche geologischen Erscheinungen (Einzelgebilde) sind für diese Landschaften typisch, welche kommen extrem selten vor?
5. Wann bzw. aus welchen Gründen erscheint es sinnvoll, auch Quellen und Gewässer zu schützen ($\rightarrow$ Kap. 17)?
6. Wieviel Quadratmeter freier Felsfläche können Sie in Ihrer Umgebung feststellen? Wieviel ppm der untersuchten Landschaft (Gesteinsfläche) sind dies?

10 Geomorphologische Veränderungen durch Menschen

Die natürlichen erdgeschichtlichen Veränderungen an der Erdoberfläche erfolgen meist in langen geologischen Zeiträumen, also in Jahrmillionen. Wenn wir trotzdem gelegentlich Zeugen einer plötzlichen geologischen Veränderung, wie z. B. eines Vulkanausbruchs, eines Erdbebens mit geringer Krustenverschiebung, eines Bergsturzes, einer Lawine oder eines Starkregens mit anschließendem Hochwasser werden, dann sind wir entsetzt über die „schrecklichen" Naturgewalten. Diese aktuogeologischen Ereignisse sind für die betroffenen Menschen und Gebiete folgenreich und schwer, betreffen jedoch nur einen verschwindenden Prozentsatz eines Landes bzw. seiner Menschen. Dies gilt erst recht, wenn wir die ganze Erde betrachten. Ein deutlicher Indikator für die Geringfügigkeit der Ereignisse trotz aller Schäden ist deren minimale ökologische Auswirkung. Wie steht es demgegenüber mit den Eingriffen des Menschen in die Landschaft?

Nach *German & Eichhorst* (1977) sind die in Tab. 11 aufgeführten geomorphologischen Veränderungen an unserer Naturlandschaft zu beobachten. Die Veränderungen der Erdoberfläche treten oft nur lokal durch Ausschachtung bzw. Anhäufung des Aushubs in Erscheinung. Das gesamte Landschaftsbild wird jedoch durch das Bauwerk beeinträchtigt. Die „Versiegelung" der Oberfläche und die Summe vieler Eingriffe wirken sich auch ökologisch aus.

„Von diesen bestehenden geomorphologischen Veränderungen haben sich in ihren Auswirkungen die nachfolgenden zumindest regional als fragwürdig oder/und sogar als nachteilig (schädlich) erwiesen (nachteilige Auswirkungen in Klammer):
– Aufschüttung in der Talaue (Einengung des Hochwasserabflusses und Zerstörung des Biotops Talaue),
– Überbauung der Talaue (Einengung des Hochwasserabflusses mit vermeidbaren Schäden für Bewohner und Bauwerke, vermeidbare Sekundärbauwerke zum Hochwasserschutz, wie z. B. Dämme und Rückhaltebecken),
– Inanspruchnahme besonders wertvoller Böden für Bauzwecke (Verlust an nutzbaren Böden),
– Begradigung von Fließgewässern (Erosion – Akkumulation, beschleunigter Wasserabfluß und Verlust der natürlichen Ufervegetation und der Auwälder), unzweckmäßige Uferverbauung bzw. Sohlenbefestigung (Nachteile für Tier- und Pflanzenwelt),
– Anlage von Splittersiedlungen (vermeidbare Versorgungs- und Entsorgungsleitungen, höhere Belastung der Landschaft u. a. durch Straßenbau),
– mangelnde Koordinierung zwischen Bauleitplanung und Straßenbau (Bebauung jenseits von Umgehungsstraßen hat weitere Umgehungsstraßen zur Folge, also vermeidbarer Landverbrauch),
– Errichtung exponierter Bauwerke (Hochhäuser, große Bauwerke auf Höhen usw. stören das Landschaftsbild),
– Nichtbeachtung natürlicher landschaftlicher Grenzen für die Bebauung, z. B. in Talauen und im oberen Teil von Bergen (z. B. häßlicher Anblick, Zerstörung eines Flußbiotops, Überspringen der Wasserscheide),

Tab. 11: *Geomorphologische Veränderungen der Naturlandschaft zugunsten von*

1. Flächen für Baumaßnahmen und Siedlungszwecke:
   a) Flächen für Wohn-,
      Flächen für Gewerbe-,
      Flächen für Industriebauten,
   b) geomorphologisch umgestaltete Flächen ohne Bauwerke (Gärten, Erdbewegungen, Sportplätze, Friedhöfe, Anlagen, Freizeitplätze usw.),
   c) Freileitungen, Sendeanlagen, Türme einschließlich Sockelbauten, alle sonstigen Baumaßnahmen im Außenbereich.
2. Flächen für Verkehrszwecke:
   befestigte Verkehrswege und Abstellplätze (Straßen und Wege einschließlich der umfangreichen zugehörigen Gräben, Böschungen [Randstreifen] und Bauten sowie der querenden und dadurch kanalisierten Fließgewässer, Parkplätze, Wanderparkplätze, Bahnkörper einschließlich der zugehörigen Gräben, Böschungen und Einschnitte, Seilbahnen, Skilifte, Flugplätze usw.).
3. Flächen für öffentlichen Bedarf:
   a) Müllplätze, Deponien,
   b) Lagerflächen, Auffüllflächen.
4. Flächen für Materialentnahme:
   Steinbrüche, Kiesgruben, Sandgruben, Lehmgruben usw.
5. Flächen für Wasserbaumaßnahmen:
   a) korrigierte Flußläufe,
   b) Be- und Entwässerungsgräben,
   c) künstliche Wasserflächen (Kanäle, Badeseen, Fischweiher, Stauseen, Rückhaltebecken usw.).
6. Flächen mit landwirtschaftlich bedingter Umgestaltung:
   a) Ackerterrassen,
   b) Weinbergterrassen; Steinriegel, Stützmauern,
   c) Abtragungserscheinungen (Bodenerosionen, Rutschungen infolge anthropogener Eingriffe usw.).

R. German, U. Eichhorst: Anthropogene Veränderungen der Landoberfläche anhand kartierter Beispiele aus der Umgebung von Tübingen. Veröff. Naturschutz Landschaftspflege Bad.-Württ., 44/45. Karlsruhe 1977, S. 435

— Anlage von Baggerseen (verstärkte Verdunstung, vermeidbarer Verbrauch und vermeidbare Gefährdung des Grundwassers; künstliche Seen sind besonders in Talauen im Gegensatz zu flachen Altwässern landschaftsfremd),
— Beseitigung von Altwässern (ökologische Nachteile durch Zerstörung wichtiger Biotope ganzer Pflanzen- und Tiergesellschaften),
— Anlage von Fischteichen (landschaftsfremde geometrische Formen, die nach dem Ende der Nutzung kaum je wieder rekultiviert bzw. eingeebnet werden),
— Bau tiefer Einschnitte im Zuge des Straßenbaus (Zerstörung der natürlichen Vegetation, Stören des Landschaftsbildes und Zerschneiden menschlicher und tierischer Lebensräume und Wanderwege),
— Anlage von Materialentnahmestellen, also von Steinbrüchen, Kiesgruben, Lehmgruben usw.; da erst seit dem Naturschutzgesetz eine Rekultivierungspflicht besteht, welche sich aus geomorphologischer Wiedereingliederung und Bepflanzung zusammensetzt, können die verbreiteten Altschäden (z. B. Zerkraterung, Zerstörung der geschlossenen Bodendecke, Grundwassergefährdung, gefährliche Steilwände mit Steinschlag usw.) nur schwer behoben werden,
— Anlage von Deponien, welche oft einseitig durch Verfüllen offener Hohlformen erfolgt (Verminderung des Reliefs),
— Anlage von Ackerterrassen und Weinbergterrassen. Obwohl diese überall im Lande vorkommen, treten diese besonders deutlich am Kaiserstuhl auf. Die dort vor einigen Jahren im Zuge der Rebflurbereinigung angelegten Terrassen mit den hohen Wänden sind jedoch landschaftsfremd."

R. German: Der Landschaftsverbrauch hat Grenzen. In: Schwäbische Heimat, 1979, H. 2, S. 80. Stuttgart: Theiss

Tab. 12: *Beispiele für geomorphologisch umgestaltete Landoberflächen im Außenbereich in Prozenten der untersuchten Fläche (vgl. Tab. 11)*

	Ammertal am Stadtrand westlich von Tübingen	Agrarlandschaft bei Ammerbuch-Reusten	Waldgebiet Rammert bei Rottenburg
	Prozentsatz der Gesamtfläche		
1. Flächen für Baumaßnahmen und Siedlungszwecke			
a) Flächen für Bauten	0,15	0,15	0,01
b) Industrieflächen	0,44		
c) geom. umgestaltete Flächen	0,29	0,58	0,18
Summe 1	0,88	0,73	0,19
2. Flächen für Verkehrszwecke			
a) geteerte Fahrbahnen	3,65	0,93	
b) befestigte Fahrwege	0,55	0,64	4,16
c) Abstellplätze	0,02		
Summe 2	4,22	1,57	
3. Flächen für öffentlichen Bedarf			
Auffüllflächen	3,06	0,11	0,02
4. Flächen für Materialentnahme			
Steinbrüche (aufgegeben)	–	–	1,99
5. Flächen für Wasserbaumaßnahmen			
a) korrigierte Flußläufe	2,59		
b) Entwässerungsgräben	0,81		0,02
c) künstliche Wasserflächen	0,11		
Summe 5	3,51	–	
6. Flächen mit landwirtschaftlich bedingter Umgestaltung			
Weinberge	6,72	–	–
Gesamtfläche der geomorphologischen Veränderungen	18,39	2,41	6,38

R. German, U. Eichhorst: Anthropogene Veränderungen der Landoberfläche anhand kartierter Beispiele aus der Umgebung von Tübingen. Veröff. Naturschutz Landschaftspflege Bad.-Württ., 44/45. Karlsruhe 1977, S. 442–443, ergänzt

Eine quantitative Bestimmung dieser Veränderungen der Landoberfläche, d.h. ihre flächenhafte Verbreitung oder eine Längenauswertung ist bisher nur lokal in drei Einzelbeispielen vorhanden und in *German & Eichhorst* (1977) veröffentlicht (Tab. 12). Wie stark diese gerade im Stadtrandbereich auftreten, zeigt Abb. 16. Verbesserungsvorschläge sind in *German* (1979b) und in den einschlägigen Kapiteln dieses Buches angeführt. Obwohl es sich bei den oben angeführten Eingriffen in die Landoberfläche oft nur um Formänderungen, auf alle Fälle aber um viele Einzelmaßnahmen handelt, wirken sich diese auch auf folgende Bereiche aus (→ Kap. 19):

– den Luftkreislauf, die Gewitterhäufigkeit und die Niederschläge (z. B. durch Überbauung bzw. Nutzungsänderung),
– den Abfluß der Niederschläge (z. B. rascherer Abfluß durch Entwässerungsgräben, Flußbegradigungen usw.),
– die Sonneneinstrahlung (z. B. Albedo, besonders bei künstlichen Wasserflächen),
– die Luftzirkulation (z. B. Bebauung und Aufwinde, Dämme mit Stau usw.),
– das Landschaftsbild (z. B. Zerkraterung durch Materialentnahme, landschaftsfremde Formen durch menschliche Eingriffe, besonders bei künstlichen Steilwänden),

Abb. 16: *Geomorphologische Veränderungen im Stadtrandbereich von Tübingen (Ammertal auf Flurkarte NW 0103)*

schwarz = Straßen und Wege bzw. Gebäude
schiefe Kreuzschraffur = Auffüllungen
waagerechte Kreuzschraffur = Gewerbegebiet
Wellenlinie = Entwässerungsgräben

gewellte Fläche = künstliche Wasserfläche
Band am unteren Rand = kanalisierte Ammer
im oberen Teil Ackerterrassen und Weinbergmauern

R. German, U. Eichhorst: Anthropogene Veränderungen der Landoberfläche anhand kartierter Beispiele aus der Umgebung von Tübingen. Veröff. Naturschutz Landschaftspflege Bad.-Württ., 44/45. Karlsruhe 1977, S. 441

- die natürliche Bodenfruchtbarkeit (Erhalt des Mutterbodens (vgl. § 2 NatSchG),
- das Grundwasser bei seiner Freilegung (z.B. verstärkte Verdunstung, Verschmutzung durch fehlende Bodenschicht),
- die Vegetation durch Vernichten der natürlichen Vegetation (z.B. Auwald und in Bebauungs- und Rodungsgebieten),
- die Tierwelt durch Vernichten des Ökotops (Planieren, Entwässern, Roden usw.).

Weitere Beispiele für Veränderungen der Erdoberfläche (z.B. *Rathjens* 1979) sind die Arbeiten zur Landgewinnung an der Küste (Kooge und Polder an der Nordsee, Zuschüttung von Meeresbuchten zur Überbauung wie z.B. in Rio). In noch größerem Maße wird solche Umgestaltung in Japan betrieben, wobei Berge abgetragen, Buchten aufgefüllt sowie Binnenseen und Feuchtgebiete (→ Kap. 16) zugefüllt werden (Habchiro-Projekt mit ca. 300 km²). Nicht wenige dieser Veränderungen, teilweise auch das gegenseitige Zusammenwirken, führen immer wieder zu Katastrophen. Diese selbst verursachten Schwierigkeiten, im Grunde die Folge fragwürdiger Eingriffe, als Naturkatastrophen zu bezeichnen wäre jedoch falsch.

Aufgaben:
1. Stellen Sie die in Ihrer Umgebung auftretenden Veränderungen der natürlichen Landoberfläche nach Tab. 11 zusammen (u.a. Wirkung von Planierraupen, Erdhobel, Bagger usw.).
2. Wie groß ist die Fläche (Strecke) einzelner Veränderungen bzw. welche Fläche (Strecke) umfassen die geomorphologischen Veränderungen eines überschaubaren Bereichs?
3. Welcher Prozentsatz der Gemarkung (untersuchte Fläche) weist nicht mehr seine natürliche Oberfläche auf?
4. Welche Veränderungen in Tab. 11 können ökologisch eine Verbesserung bringen?

11 Rohstoffgewinnung

11.1 Belastung der Landschaft durch Rohstoffgewinnung

Jede Wirtschaft benötigt Rohstoffe zur Verarbeitung. Deren Beschaffung schien früher mehr oder weniger eine Privatangelegenheit der einzelnen Firmen und der sie beratenden Geologen einschließlich der für Bodenschätze zuständigen staatlichen Dienststellen (Bergämter, geologische Landesämter bzw. Bundesanstalt für Geowissenschaften und Rohstoffe) zu sein. In den Blickpunkt der breiten Öffentlichkeit traten Probleme der Rohstoffversorgung eigentlich erst seit den 70er Jahren (z.B. *Meadows* u.a. 1973, *Mesarović & Pestel* 1974, *Gruhl* 1975, Global 2000).

Naturschutz und Landschaftspflege kommen mit den Aufgaben der Rohstoffgewinnung bei Prospektions-, Abbau- und Rekultivierungsarbeiten (→ Kap. 12) in Berührung. Prospektion belastet, abgesehen von bergbautechnischen Vorhaben (z.B. Uransuche bei Menzenschwand, Südschwarzwald), die Landschaft wenig (Geländebegehungen, Auslage von Meßgeräten usw.), sofern es sich nicht um Maßnahmen handelt, wie sie später auch beim Abbau in noch größerem Maße auftreten.
Technisch ist Rohstoffgewinnung möglich durch:
Bohrung (z.B. Erdöl, Erdgas, Wasser),
Bergbau (z.B. Gold, Diamanten, Kohle, Erze),
Tagebau (z.B. Braunkohle, Steine und Erden).
Die Belastung des Naturkreislaufes und der Landschaft durch diese Techniken ist unterschiedlich. Sie nimmt je nach der beanspruchten Fläche und den davon ausgehenden Folgen (Brand, Ausfluß) meist von der Bohrung bis zum Tagebau zu. Dabei haben wir mit folgenden Belastungen zu rechnen.
Bei *Bohrungen* sind die baulichen Einrichtungen gering (Pumpstation, Zufahrtsstraße, evtl. Pipeline). Im Falle technischer Störung können z.B. bei Ölunfällen Schadstoffe ins Meer (Golf von Mexiko 1979) bzw. ins Grundwasser und bei Gas in die Luft gelangen. Dabei werden Wasser und Strände geschädigt bzw. unbrauchbar gemacht, die Lebewelt gestört und die Luft verunreinigt.
Beim *Bergbau* sind die baulichen Anlagen erheblich größer als bei einer Bohrung, etwa vergleichbar mit Industriegebieten. Für den Naturkreislauf störender als die Verbauung der Fläche (teilweise im Außenbereich) sind die Veränderungen im Grundwasserspiegel durch das Abpumpen zum Trockenlegen der Stollen und Schächte sowie die Belastungen der Fließgewässer durch Gruben- und Industrieabwässer (z.B. Neckar, Ruhr).
Der Eingriff beim *Tagebau* in das Naturgefüge ist sehr groß. Auf vielen Quadratkilometern Fläche und teilweise bis in einige hundert Meter Tiefe wird das (Locker-)Gestein abgebaut (z.B. Ville bei Köln, Abb. 17). Der Grundwasserspiegel muß zumindest bis unter die Abbausohle abgesenkt werden. Der Abraum wird durch Förderbänder meist sofort an die Endlagerstätte, früher abgebaute Teile der Grube, befördert. Dabei treten im Auffüllgebiet lang dauernde Setzungserscheinungen

Abb. 17: Flächen des Braunkohlenabbaues in der Ville bei Köln

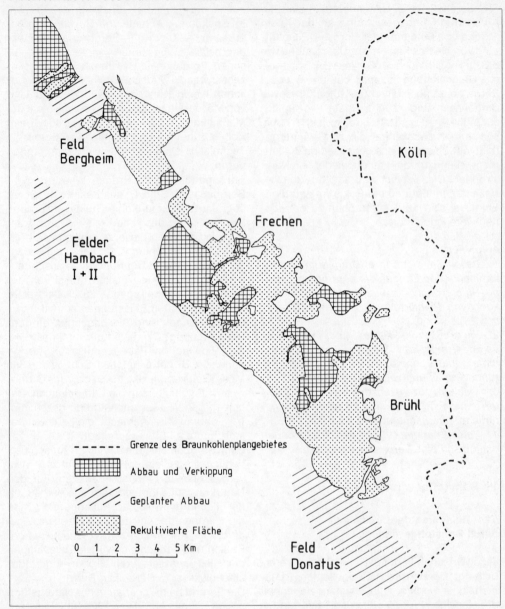

Nach Übersichtskarte „Betriebe der Rheinischen Braunkohlenwerke AG Köln", Stand 1976, stark vereinfacht

Die rekultivierte Fläche wird sowohl land-, als auch forstwirtschaftlich genutzt. Sie enthält, besonders im Naturpark Kottenforst-Ville am Südrand der rekultivierten Fläche, eine Vielzahl von neu angelegten Seen. Der Umfang des ehemaligen und gegenwärtigen Abbaus wird deutlich, wenn man seine Fläche mit derjenigen der Stadt Köln am rechten Rand der Abbildung vergleicht. Der überbaute Teil von Köln liegt in dem Halbrund, welches östlich der Grenze des Braunkohlenplangebietes liegt. Der Rhein verläuft etwa 1 km außerhalb des Bildrandes. Die geplanten Abbaufelder Hambach I und II, welche am linken Bildrand noch angeschnitten sind, sollen mit einer Ausdehnung von 12 × 12 km eine noch größere Ausdehnung als die gegenwärtigen bekommen. Dort ist der Abbau bis in ca. 400 m Tiefe vorgesehen.

auf, die vorausberechnet werden können (*Lange* 1969). Wie sich jedoch nach Ende des Abbaus der Naturkreislauf wieder entwickelt und sich das wieder aufsteigende Grundwasser auf das Füllmaterial auswirkt und ob es genutzt werden kann, muß abgewartet werden. Obwohl der Naturkreislauf beim Tagebau zerstört wird, ist auf den bisher rekultivierten Landoberflächen im Bereich der Ville dank der sorgfältigen Abbau- und Rekultivierungsplanung in Teilabschnitten eine recht schöne Erholungslandschaft mit Seen und Wäldern entstanden (Naturpark Kottenforst-Ville).

Jährlich werden in der Bundesrepublik ca. 30 km² Fläche allein für Sand- und Kiesgewinnung neu benötigt. Besonders beansprucht wird die Umgebung des Niederrheins und des Oberrheins. 1975 gab es im Regierungsbezirk Tübingen fast 25 km² Materialentnahmestellen.

11.2 Rohstoffsicherung

Viele Fachbehörden haben im Laufe der letzten Jahrzehnte Kartendarstellungen ihrer Interessengebiete gefertigt (Wasserschutzgebiete, Rohstoffvorkommen, Naturschutz- und Landschaftsschutzgebiete, geologische Karten usw.).

Vom Niedersächsischen Landesamt für Bodenforschung sind dabei auch Karten des sog. „Naturpotentials" erstellt worden. Hierbei sind neben Wasser, Rohstoffen, Bodenverhältnissen usw. auch die Naturschutzgebiete und Landschaftsschutzgebiete eingetragen. Dieser augenblickliche Stand der Schutzgebiete reicht jedoch nicht aus, um den Naturkreislauf mit den ökologischen Belangen zu sichern. Wie z.B. die Biotopkartierung (→ Kap. 18) gezeigt hat, gibt es noch Tausende weitere schützenswerte Flächen. Die in Baden-Württemberg angefangenen geoökologischen Karten können hier eher weiterführen, weil sie geologische und ökologische Belange gemeinsam darstellen (*Weller* 1975).

Kleinere Abbaustellen zur Materialentnahme können im Rahmen des Flächennutzungsplans (→ Kap. 8) eingeplant werden, für größere ist ein *Planfeststellungsverfahren* nötig, bei welchem alle Betroffenen von der zuständigen Behörde gehört werden, ehe diese eine Entscheidung fällt.

Von Wirtschaft und geologischen Ämtern werden die zunehmenden *Abbaubeschränkungen* der Rohstoffvorkommen durch Schutzgebiete verschiedenster Art und Überbauung durch Siedlungen und Straßen beklagt. Auf diese Weise können Lagerstätten einem Abbau teilweise oder ganz entzogen werden. Zivilisatorisch-wirtschaftliche Gesichtspunkte sind jedoch kein Grund, ökologisch bedeutsame Flächen zu zerstören. Was würden weitere Vorkommen nützen, wenn der Naturkreislauf durch Abbau gefährdet würde? Die von *Lüttig* (1976) als Antwort auf die bald zu erwartende Rohstoffverknappung (Tab. 13) vorgeschlagene *„prospektive Geologie"* ist nur dann eine sinnvolle Maßnahme, wenn diese Vorkommen nicht verstärkt abgebaut, sondern sinnvoll und schonend genutzt werden. Eine verstärkte Vermarktung der Rohstoffvorkommen, welche zu befürchten ist, wäre ein Ausverkauf der Natur und würde die Befürchtungen des „Club of Rome" nur verstärken. Wie schwer international die Probleme der Rohstoffgewinnung auf dem Meer zu lösen sind, zeigen die Seerechtskonferenzen (z.B. Manila 1979). Bei Vorräten, welche in absehbarer Zeit nicht mehr abgebaut werden können, wie z.B. bei Kies (*German* 1979a), müssen rechtzeitig Ersatzrohstoffe, z.B. Kalksteinschotter, erkundet werden (Substitution). Geeignete Abbaustellen zu finden, ist eine Gemeinschaftsaufgabe der beteiligten Fachleute zusammen mit den Vertretern von Naturschutz und Landschaftspflege. Hier wie bei den immer wieder vorgebrachten fragwürdigen „Nutzungs-*Ansprüchen*" bzw. deren „Rangfolge" ist zu bedenken, daß uns langfristig nur die sorgsame Pflege von Landschaft und Naturhaushalt die Zukunft sichert. Deshalb ist der in der Geographie verwendete Ausdruck vom „Inwertsetzen" einer Landschaft im Grunde nur eine Art ökonomische Beschönigung für den Begriff der *Vermarktung der Natur*. Entsprechend führte die freie Marktwirtschaft zu dem wohl größten Verbrauch an Rohstoffen in Friedenszeiten.

Die Materialentnahmestellen sind häufig in dem Zustand liegengeblieben, wie sie am Ende der Abbauzeit (Erschöpfung der Lagerstätte, Zahlungsunfähigkeit usw.) zufällig aussahen. Deshalb besteht jetzt in manchen Ländern eine Rekultivierungspflicht. Daneben besteht bei geeigneten geologischen Be-

Tab. 13: Lebensdauer von Metallvorräten ab 1973

	Reserven 1973 (Mio. t)	Wachstumsrate der Jahresproduktion (%)	Lebensdauer (Jahre) der 1973 bekannten Reserven	der fünffachen Menge der heute bekannten Reserven
Eisen	250 000	1,8	134	200
Chrom	1 700	2,6	78	135
Mangan	6 500	2,9	77	130
Molybdän	32	4,5	64	99
Nickel	70	3,4	46	88
Aluminium	3 000	6,4	44	68
Zink	470	2,9	43	89
Blei	140	2,0	29	80
Kupfer	340	4,6	25	54

Bei gleichbleibender Wachstumsrate der Jahresproduktion reichen die bekannten Reserven maximal noch 134 Jahre aus. Würden die bedingten Ressourcen zu Reserven, stiege die ausbeutbare Menge an Metallen im Mittel auf das Fünffache. Die Lebensdauer jedoch steigt weit weniger stark an.

W. v. Engelhardt: Raubbau an den Erzvorräten. In: Bild der Wissenschaft, 1976, H. 11, S. 83. Stuttgart: Deutsche Verlags-Anstalt

dingungen die Möglichkeit, solche Gruben als Deponien zu verwenden (z. B. wasserundurchlässiger Untergrund, Endlagerung radioaktiver Abfälle in Salzlagerstätten, sofern kein Wasserzutritt stattfindet; *German* 1979a).

Aufgaben:
1. Wo wurden in Ihrer Umgebung Eingriffe zugunsten von Rohstoffgewinnung durchgeführt (Bohrungen, Bergbau, Tagebau)? Welche Belastungen sind in der freien Landschaft heute noch vorhanden? Wo wurden sinnvolle Rekultivierungsmaßnahmen mit Bedeutung für die Ökologie oder Erholungsmaßnahmen durchgeführt? Welche Fläche nehmen die laufenden (bzw. die abgeschlossenen und nicht rekultivierten) Eingriffe in Anspruch?
2. Wo überdecken sich Schutzgebietsflächen und Rohstofflager? Stelle ggf. eine Karte mit den Schutzgebieten und den abbaubaren Vorkommen zusammen!
3. Welche Mindestanforderungen müssen an eine Endlagerstätte für radioaktive Stoffe gestellt werden? Welche Gebiete kommen innerhalb der Bundesrepublik nur in Frage?

12 Rekultivierung von Materialentnahmestellen

Unter *Materialentnahme* verstehen wir den Abbau irgendwelcher Stoffe aus der obersten Erdkruste. Bei *Materialentnahmestellen* handelt es sich daher um Steinbrüche, Kies-, Lehm-, Torf-, Braunkohlegruben usw. Zumeist erfolgt der Abbau im Tagebau, jedoch berührt auch der Bergbau die Belange von Naturschutz und Landschaftspflege durch Aufschüttung von Abraumhalden bzw. Ausbreitung des Abraums auf der Landoberfläche und bei der Behebung von Senkungsschäden (Bergbau, Salzlösung). Bereits bei der Planung des Eingriffs muß der Naturschutz mitwirken, um den vorgesehenen Standort auf seine ökologische Unbedenklichkeit, seine landschaftlich richtige Lage (→ Kap. 10, Landschaftsschäden) und die geplanten Abbauformen auf ihre Landschaftsverträglichkeit zu prüfen. Weil bisher nach Ende des Abbaus meist Landschaftsruinen als Schäden in der Landschaft stehenbleiben, hat *Weinzierl* (o. J.) Vorschläge für die Gestaltung, besonders die Bepflanzung von Kiesgruben, und *German* (1973) Thesen eines landschaftsgemäßen Gesteinsabbaues veröffentlicht (Tab. 14). Entscheidend ist ein gezielter Abbau von Anfang an in Richtung auf den Endzustand mit einem Abbau- und Rekultivierungs-

Tab. 14: *Thesen eines zukünftigen landschaftsgemäßen Gesteinsabbaues*

Zum einwandfreien Verständnis des Folgenden ist auf die Unterscheidung von *Formen* (Landschaftsformen) der Oberfläche im Sinne der Geomorphologie und *Gesteinskörper* (im Sinne der Geologie) zu achten.

1. *Durch Gesteinsabbau dürfen keine fremden Landschaftsformen entstehen.* Das bedeutet: Beim Endzustand eines Abbaues soll das geomorphologische Bild der Abbaustelle nicht auffallen, also kein störender Fremdkörper sein.
2. *Gesteinsabbau soll möglichst konzentriert (z. B. großflächig) erfolgen,* weil zusammenhängende und geschlossene Abbauflächen wieder besser an die Umgebung angeglichen werden können als kleine Abbaustellen. Dabei wird ein „pockennarbiges" Aussehen der Landschaft vermieden.
3. *Der völlige oder teilweise Abbau kleiner Landschaftsteile* (Berge, Bergkuppen, Bergnasen, Terrassen usw.) *kann dem nur teilweisen Abbau vorzuziehen sein.* Jedoch muß in jedem Einzelfall geprüft werden, ob dies ohne Schaden für die Umgebung und den Naturhaushalt möglich ist.
4. Sofern nur *einzelne* Teile von Bergen usw. abgebaut werden sollen oder können, muß eine *Angleichung* der Abbaustelle *an die Formen der Umgebung* erfolgen (meist ist wohl eine erhebliche Abschrägung am hinteren Ende der Abbauwand und an den Seiten notwendig).
5. Es ist anzustreben, daß die wichtigsten Landschaften unseres Landes einer *geomorphologischen Analyse* unterzogen werden, um entscheiden zu können, welche Formen typisch und welche landschaftsfremd sind. Danach soll möglichst in Zahlen angegeben werden, wie der Abbau in den verschiedenen Landschaften wünschenswert erfolgen muß.
6. Künstliche Seen sollen nur in solchen Gegenden neu angelegt werden, wo solche auch von Natur aus vorkommen. Reine Grundwasserseen in der Talaue sind in der Regel abzulehnen, da sie landschaftsfremd sind. Bestehende Grundwasserseen sollen so ausgebaut oder ggf. zusammengelegt werden, daß eine sinnvolle Nutzung (Erholung, Fischerei usw.) möglich ist. Rückhaltebecken stellen keine Belebung des Landschaftsbildes dar, weil sie durch die notwendigerweise vorhandene Schmutzkrawatte unschön aussehen.
7. Zusätzlich zu den Überlegungen über die geomorphologische Gestaltung der verlassenen Abbauflächen sind solche zur Herstellung eines *landschaftsgerechten Bewuchses* einzubeziehen. Hierbei sollen sämtliche Möglichkeiten berücksichtigt werden, die sich von der natürlichen Sukzession bis zu ingenieurbiologischen Maßnahmen ergeben.

Dieses Ziel kann z. B. auf folgendem Weg erreicht werden:
a) In Schichtgesteinen werden *ganze Schichten* großflächig abgebaut (Bergkuppen, kleiner Berg, Bergnase usw.).
b) Werden nur *Teile landschaftsbestimmender Formen* abgebaut und nicht die ganzen Formen, dann ist die *Gestaltung der Abbaustelle im Einklang mit der umgebenden Landschaft* durchzuführen.

Das heißt: Die Hangkante ist in ihrer ursprünglichen Form um die Abbautiefe zurückzuverlegen. Dadurch wird eine senkrechte Wand vermieden. Durch eine Böschung werden die natürlichen Landschaftsformen wiederhergestellt. Grundsätzlich müssen sich die entstehenden Böschungswinkel an den im Gebiet natürlich vorkommenden orientieren.
Auf die *ordentliche Gestaltung der Übergangsgebiete,* der Randzonen ist besonders zu achten.
Gegen einen langgestreckten Abbau entlang eines Tales bzw. eines Hanges ist grundsätzlich landschaftlich nichts einzuwenden, wenn der Abbau und die gesamte Rekultivierung in Stufen erfolgten und wenn die ursprünglichen Tal- bzw. Hangformen in ähnlicher Weise wiederhergestellt werden.

R. German: Gesteinsabbau, Auffüllung und Landschaftsgestaltung. Veröff. Landesst. Naturschutz Landschaftspflege Bad.-Württ., 41. Ludwigsburg 1973, S. 164–165

---

plan, aus welchem das schrittweise Vorgehen ersichtlich ist. Der Endzustand des Projekts wird mit Hilfe einer geomorphologischen Analyse (*German* 1976) der Landschaftselemente (z. B. aus einer topographischen Karte 1:25 000 oder aus einer Höhenflurkarte) erarbeitet. Die vorgesehenen Abbaugrenzen und das Relief der Umgebung ermöglichen die Konstruktion des neuen Reliefs anhand einer Karte mit Höhenlinien (Abb. 18). Gegebenenfalls erleichtert ein Modell das Verständnis für die räumlichen Verhältnisse. Die geomorphologisch rekultivierte Fläche muß nach ihrer Erstellung, der *geomorphologischen Wiedereingliederung,* Teile der in der Umgebung analysierten Landschaftselemente enthalten und sich einpassen (*German* 1976). Danach folgt die *standortgemäße Bepflanzung (→* Kap. 18). Eine abgebaute Materialentnahmestelle einfach mit Fichten zu bepflanzen, wäre lediglich eine weitere Nutzung, welche den durch Abbau entstandenen Land-

Abb. 18: Beispiel für eine mögliche geomorphologische Wiedereingliederung eines Steinbruchs (links) im Kalkstein des Weißen Jura der Schwäbischen Alb bei Allmendingen (Alb-Donau-Kreis)

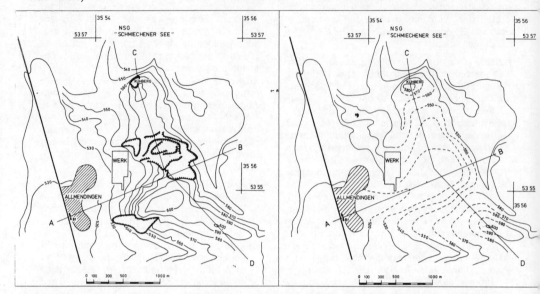

Die steilen und teilweise bis zu 70 m hohen Wände können, wie der vorliegende Vorschlag zeigt, zukünftig in der Weise gezielt abgebaut werden, daß im Endzustand ein gleitender Übergang zur unveränderten Landschaft erfolgt (rechts). Außerdem werden durch diesen Vorschlag die Landschaftsformen der Umgebung nicht unnatürlich verändert. Die vierstelligen Zahlen geben die Gitterlinien (TK 25, Nr. 7624, Schelklingen), die dreistelligen die Höhe über dem Meeresspiegel an.

R. German: Die landschaftliche Gestaltung von Materialentnahmestellen. 1. Beispiele zur Geomorphologischen Wiedereingliederung von Steinbrüchen. Beih. Veröff. f. Naturschutz Landschaftspflege Bad.-Württ., 8. Ludwigsburg 1977, S. 20–21

schaftsschaden kümmerlich kaschiert bzw. die landschaftsfremden Formen zementiert. *Abraumhalden* lassen sich während des Abbaus nicht vermeiden. Sie sollten jedoch baldmöglichst beseitigt werden (Auffüllen der Abbauflächen bzw. Stollen). In alten Bergbaugebieten, wie z. B. im Harz, sind Abraumhalden für Mineraliensammler zwar interessante Fundstellen; für die Masse der Bevölkerung sind diese Reste früherer Tätigkeit ein unschöner, aber vermeidbarer Anblick. Sie müssen ebenso wie Ruinen von Häusern und Fabriken beseitigt werden, insbesondere in der freien Landschaft, z. B. die Abraumhalde des ehemaligen Salzbergwerks Buggingen inmitten des sehr flachen Oberrheingebiets zwischen Freiburg und Basel (zur natürlichen Hangneigung → Kap. 13; zu Fragen der Standsicherheit in Sand- und Kiesgruben s. Böttger, Hötzl & Krämer 1978).

Das *Ausbreiten des Abraums* auf ebener Fläche, wie z. B. nördlich vom Ruhrgebiet, läßt die großen Landschaftsformen zwar unberührt, d. h., die Landoberfläche wird um einige wenige Meter angehoben. Dieses Vorgehen ist jedoch nicht unbedenklich, sofern der *Mutterboden* zuvor nicht abgehoben und nach dem Auffüllvorgang wieder über das Abraummaterial verteilt wird. Dadurch wird die Fruchtbarkeit des Bodens mit seiner Lebewelt (besonders Mikroorganismen) erhalten (BNatSchG § 2 [1] Z. 4; Tab. 2), sofern die Zwischenlagerung nicht zu lange Zeit dauert und die Anhäufung des Bodens 2–4 m Höhe nicht überschreitet (Ersticken der Mikroorganismen).

Aufgaben:
1. Stellen Sie auf Karte und Tabelle Materialentnahmestellen zusammen (nach beende-

tem und noch laufendem Betrieb trennen).
2. Versuchen Sie die beanspruchten Grundflächen festzustellen und notieren Sie Zahl und Art landschaftsfremder Formen.
3. Wie würden sich einige Ihnen bekannte Landschaftsschäden zweckmäßigerweise beheben lassen?
4. Erstellen Sie einen Plan über die geomorphologische Wiedereingliederung mit landschaftstypischen Formen entsprechend der Reliefanalyse für eine Materialentnahmestelle Ihrer Umgebung (Eigentumsprobleme der Grundstücksfläche ausgeklammert).
5. Stellen Sie ein Modell einer Materialentnahmestelle mit Umgebung her. Legen Sie es so an, daß diejenigen Teile, welche zur Angleichung an die Umgebung noch zusätzlich abgebaut werden müssen, vom Modell abgetrennt werden können. Dadurch können die bestehenden mit den zukünftigen Formen anschaulich verglichen werden. Welcher Rauminhalt kann dadurch zusätzlich abgebaut werden? (Beachten Sie, daß häufig die oberflächennahen Gesteine wegen ihrer Verwitterung geringe wirtschaftliche Bedeutung haben. Dieses Material kann jedoch wieder zur Rekultivierung verwendet werden.)

13 Gewässernetz und Hangneigung

Sowohl das Gewässer- und Talnetz als auch die Hangneigung sind weitgehend gesteinsabhängig, wie zahlenmäßige Auswertungen und zeichnerische Darstellungen (Abb. 19) aus geologisch einheitlichen Flächen zeigen (*German* 1963, 1979a und *German & Eichhorst* 1979). Diese Werte (Flußdichte, Taldichte bzw. durchschnittliche und stärkste Hangneigung) kennzeichnen neben dem Felsenfaktor (*German* 1980a) die verschiedenen geologischen Schichtglieder einer Landschaft. Sie sind für die Landschaftspflege bei folgenden Arbeiten von Bedeutung:
– Rekultivierung von Materialentnahmestellen (geomorphologische Wiedereingliederung; → Kap. 12),
– Anlage von Straßenböschungen (→ Kap. 7),
– Gestaltung von Deponieoberflächen (→ Kap. 10),
– Anlage von Baugebieten (→ Kap. 8),
– Arbeiten der Flurbereinigung (→ Kap. 6).

Nach Eingriffen, welche zu starker Veränderung (landschaftsfremde Neigung, → Kap. 7.4) oder zur teilweisen Zerstörung der Landoberfläche geführt haben (zur Standsicherheit und Abböschung in Sand- und Kiesgruben s. *Böttger, Hötzl & Krämer* 1978), kann bei der geomorphologischen Wiedereingliederung mit landschaftstypischen Durchschnittszahlen oder mit Grenzwerten besser, kennzeichnender und begründeter gearbeitet werden als ohne diese Werte. Durch solch landschaftsgemäße Arbeit unterscheiden wir eine naturnah rekultivierte Fläche von einer Kunstlandschaft, wie z. B. einem Garten oder Park mit beliebig gewellter, terrassierter oder auch ebener Oberfläche.

Bei der Hangneigung ist zwischen erdgeschichtlich recht unterschiedlich entstandenen Flächen zu unterscheiden. Die meist relativ jungen *Erosionsformen*, wie z. B. Erosionstäler, weisen steile Neigungen auf (bis zu 35°). Die der allgemeinen Abtragung unterliegenden *Flächen* (wie z. B. die durch Bodenfließen im Eiszeitalter entstandenen Denudationsflächen oder die durch Verwitterung aus den älteren Zeiten der Erdgeschichte erhaltenen Altflächen) besitzen demgegenüber wesentlich flachere Neigung von nur wenigen Graden. Obwohl aus der gleichen geologischen Schicht herauspräpariert, können je nach Entstehungsart doch recht verschiedene Neigungswerte gemessen werden. In der Bauleitplanung (→ Kap. 8) werden die Hangneigungen oft den topographischen Karten durch Auswertung des Abstandes der Höhenlinien entnommen. Die Abweichung zwischen topographischer Karte und Geländemessung kann erheblich sein (Abb. 20) und stellenweise bis zu 35% erreichen (*German & Eichhorst* 1979). Diese Unterschiede beweisen, daß die Werte, welche in der Natur gewonnen werden – trotz aller Mühe bei ihrer Erarbeitung –, doch immer besser sind als sekundär berechnete.

Beim Vergleich geologischer Schichten und deren Zertalung bzw. Hangneigung ist zu beachten, daß bei äußerlich verschiedenen Bedingungen, also bei wechselnder Gesteinsausbildung (Fazies; z. B. Kalkstein – Mergel) oder in anderem Klima (z. B. Trockenklima wie in der Sahara) und unter verschiedenen bzw. bei fehlenden Vegetationsgürteln durchaus andere Neigungen auftreten können. In

Abb. 19: Darstellung der im Gelände gemessenen Neigungswinkel im Landschaftsschutzgebiet „Spitzberg" bei Tübingen (Flurkarte SW 0203)

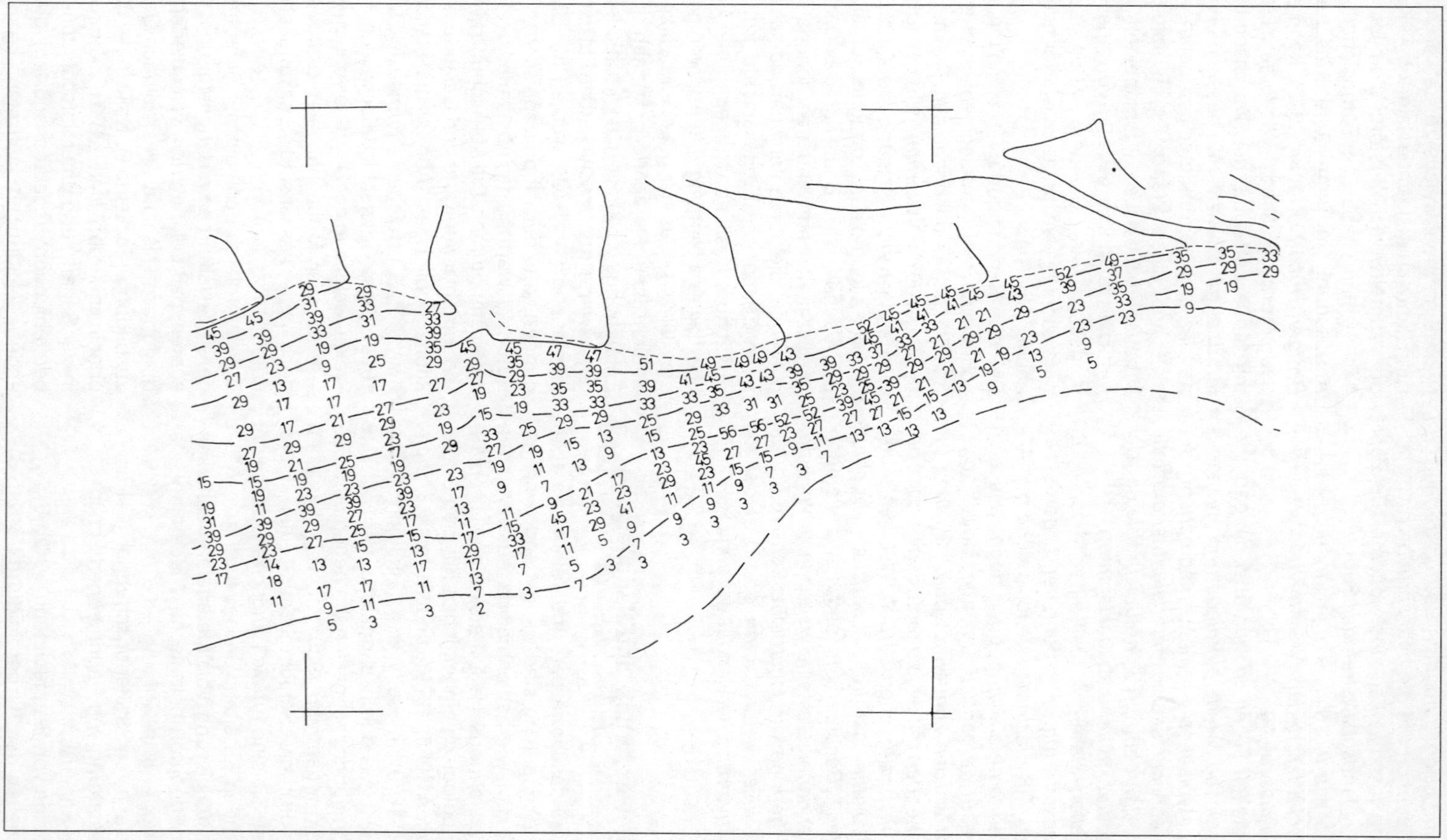

R. German, U. Eichhorst: Hangneigungen und ihre Bedeutung für Landschaftspflege und Planung. Veröff. Naturschutz Landschaftspflege Bad.-Württ., 49/50. Karlsruhe 1979, S. 130

Abb. 20: Abweichungen zwischen den im Gelände gemessenen Neigungswinkeln (Abb. 19) und den aus Kartenprofilen abgelesenen Werten im Gebiet der Abb. 19

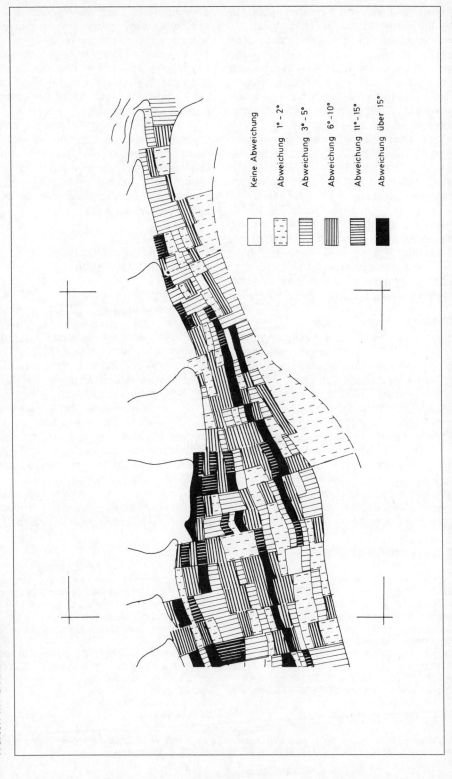

R. German, U. Eichhorst: Hangneigungen und ihre Bedeutung für Landschaftspflege und Planung. Veröff. Naturschutz Landschaftspflege Bad.-Württ., 49/50. Karlsruhe 1979, S. 131

Mitteleuropa sind – von Ausnahmen abgesehen – die Hänge bis zu einer Neigung von 35° durch Vegetation geschlossen bedeckt. Erst bei steilerer Neigung zeigt die Vegetationsdecke Lücken durch Abspülung, Hangrutsch, Erosion usw. Dadurch entstehen häufig Schadstellen in der Landschaft (→ Kap.14). Landschaftlich reizvoll und durch besondere Flora und Fauna ausgezeichnet sind Prallhänge an Gewässerufern und die durch Abtragung im Laufe der Erdgeschichte herauspräparierten markanten Felsen (Albtrauf, Donautal, Fränkische Schweiz). Solche vegetationsfreien Gebiete nehmen in der Landschaft zwar eine recht untergeordnete Fläche ein (unter 1°/oo). Wegen ihrer Seltenheit, Schönheit usw. stellen sie aber doch oft interessante geologische Gebilde, z.B. Naturdenkmäler (→ Kap.9), dar und bereichern die Landschaft auf ästhetische Weise durch ihre oft kennzeichnenden oder bizarren Formen (Abb.15).

Aufgaben:
1. Übertragen Sie in eine orohydrographische Karte 1:25000 die Grenzen einer geologisch-petrographisch einheitlichen Schicht. Bestimmen Sie durch Abfahren mit einem Kilometerzähler die Flußlänge auf dieser Fläche (km²) und errechnen Sie die Fluß-(Tal-)Dichte. Vergleichen Sie mit anderen Schichten.
2. Messen Sie die Neigung von Hängen an Tälern und auf großen einheitlichen Flächen (Altflächen) entlang einer festgelegten Linie (möglichst senkrecht zum Hang, um jeweils die größten Neigungen zu erhalten) mit einem Neigungswinkelmesser. Vergleichen Sie die Werte aus verschiedenen geologischen Schichten wie auch die gemessenen Werte mit denjenigen, welche sich an dieser Stelle aus der Karte errechnen lassen.
3. Wo kommen in der näheren oder weiteren Umgebung vegetationslose nackte Felsflächen vor? Welche Neigungen zeigen sie? Wie groß ist der Flächenanteil dieser freien Felsflächen am Kartenblatt?
4. Wandern Sie einige Kilometer Uferstrecke eines Fließgewässers ab und bestimmen Sie durch Abschreiten die Strecken ohne geschlossene Vegetation wie z.B. Prallhänge, Unterspülungen usw. Wie groß ist der Prozentsatz der Strecke ohne bzw. mit mangelhafter Uferbepflanzung?

14 Landschaftsschäden – Landschaftsverbrauch

Unter *Landschaftsschäden* verstehen wir hier durch den Menschen im Zuge von Eingriffen bedingte Veränderungen in der Landschaft, welche in dieser Art der Ausführung bzw. an anderer Stelle landschaftsschonender auszuführen gewesen wären (Tab.15). Der Begriff Landschaftsschaden wird hier als Kurzform für „Schäden *in* der Landschaft" benützt. Definitionsgemäß wird der Mensch als Verursacher angesehen. Im Gegensatz zu den meist objektiv feststellbaren geomorphologischen Veränderungen des natürlichen Reliefs (→ Kap.10) handelt es sich hier meist um graduell stärkere Erscheinungen, um Schäden – nicht selten durch sog. Kulturbaumaßnahmen verursacht –, welche bei Kenntnis landschaftspflegerischer Kriterien für Landschaft und/

Tab. 15: *Landschaftsschäden (= Schäden in der Landschaft; vgl. Text)*

Überbauung der Talsohle	landschaftsfremde Anlage von Wasserflächen
Bandsiedlung	Zerstörung von Feuchtflächen und Altwässern
Bebauung jenseits von Umgehungsstraßen	Straßendämme und -hohlwege, welche Landschaft und Natur belasten
Anlage von Splittersiedlungen	
Brechen des Horizontes	Freileitungen, welche das Landschaftsbild belasten
Bebauung in exponierter Lage	
Überschreitung landschaftsgegebener Grenzen bei Bebauung	landschaftlich unzweckmäßige landwirtschaftliche Nutzung (Talaue, Verdichtung durch Weide, Entwässerung, Absenkung)
Anlage immissionsbelasteter Wohnsiedlungen	
Anlage ökologisch unzweckmäßiger Flußbette	unerwünschte Aufforstung
falsche Uferbepflanzung	Materialentnahmestellen
landschaftsfremder Gewässerlauf	Müllablagerung

Nach: R. German, H.-H. Klepser: Die Landschaftsschadenskarte als Instrument von Landschaftspflege und Planungsträgern. Veröff. Naturschutz Landschaftspflege Bad.-Württ., 44/45. Karlsruhe 1976, S. 454, ergänzt

oder Naturhaushalt schonender hätten ausgeführt werden können. Das bedeutet, daß die Feststellung und Behebung von Landschaftsschäden vom Stande der wissenschaftlichen Erkenntnis abhängig sind. Die Behebung oder Milderung von alten Landschaftsschäden z. B. an Straßen, Fließgewässern oder bei fragwürdigen Aufforstungen kann im Einzelfall oder im Rahmen eines größeren Landschaftspflegeprogramms oder -planes von Gemeinde, Kreis oder Land erfolgen. Da solche Pläne oder Programme meist längere Zeit laufen und weil manche Landschaftsschäden oft nur langfristig gemildert oder behoben werden können, sind rechtzeitige bzw. laufende Erhebungen der Landschaftsschäden wichtig. Bei neuen Landschaftsschäden gilt das Verursacherprinzip. Beispiele von Landschaftsschäden für eine kartenmäßige Darstellung sind in Tab. 15 angeführt. Eine Auswertung dieser vorläufigen Erhebung liegt in Tab. 16 vor. Sie zeigt – mit allem Vorbehalt –, daß in wachsendem Maße – gerade bei kommunalen und staatlichen Ar-

Tab. 16: Landschaftsschäden im Siedlungsbereich (oben) und in der freien Landschaft (unten) für die Regionen Neckar–Alb und Donau–Iller des Regierungsbezirks Tübingen. Stand 1977

	RT B in ha	RT PL in ha	TÜ B in ha	TÜ PL in ha	ZAK B in ha	ZAK PL in ha	ADK B in ha	ADK PL in ha	BC B in ha	BC PL in ha
Überbauung der Talsohle	30	450	10	60	10	30	60	200	20	160
Bandsiedlung	40	480	130	40	210	260	100	50	60	290
Bebauung jenseits von Umgehungsstraßen	10	10	10	120	–	–	–	10	–	50
Splittersiedlung	130	70	100	250	380	360	10	20	30	130
Brechen des Horizontes durch Bauwerke	10	–	60	10	280	50	–	–	–	70
Bauwerke in exponierter Lage	170	540	210	160	650	680	100	210	120	220
Überschreiten landschaftsgegebener Grenzen durch Bebauung	120	450	80	120	150	300	30	210	30	250
Wohnsiedlung immissionsbelastet	30	50	50	20	–	–	–	50	60	70
Summe landschaftsschädlich überbauter bzw. überplanter Flächen	350	1170	350	470	700	720	280	490	200	970

Quelle: BNL Tübingen

	RT in km	TÜ in km	ZAK in km	ADK in km	BC in km
ökologisch unzweckmäßiges Bett	26	10	24	6	64
falsche Uferbepflanzung	30	12	28	19	50
landschaftsfremder Gewässerlauf	2	8	23	89	36
landschaftsfremde Anlage von Wasserflächen	24 ha	181 ha	4 ha	nicht erhoben	nicht erhoben
Zerstörung von Feuchtflächen oder Altwässern	11 ha	–	–	1 ha	–
Summe:	58 km 35 ha	30 km 181 ha	75 km 4 ha	114 km 1 ha	150 km

Quelle: BNL Tübingen

B = Bestand, PL = Planung; RT = Landkreis Reutlingen, TÜ = Landkreis Tübingen, ZAK = Zollernalbkreis, ADK = Albdonaukreis, BC = Landkreis Biberach

R. German: Bauen und planen wir richtig? Erste Ergebnisse der Landschaftsschadenskartierung. Veröff. Naturschutz Landschaftspflege Bad.-Württ., 49/50. Karlsruhe 1979, S. 140–141

beiten bzw. Planungen – Landschaftsschäden verursacht werden. Das bedeutet, wir müssen wieder naturnäher denken und arbeiten. Durch Zusammenarbeit mit den verschiedenen in der Landschaft tätigen Fachbehörden besteht für die Landschaftspflege ein reiches Tätigkeitsgebiet auch auf dem Sektor der Erdwissenschaften.

Welche Kosten für ihre Behebung angesetzt werden müssen, zeigt eine einfache Überschlagsrechnung am Beispiel der Rekultivierung von Materialentnahmestellen (→ Kap. 12). Für die Durchführung der einfachsten Maßnahme, nämlich der einfachen Abschrägung der Wände einer Kiesgrube und Bedeckung mit Erdboden, sollen einmal 10000 DM/ha angesetzt werden (entsprechende Arbeiten zur Auffüllung einer Materialentnahmestelle oder der geomorphologischen Wiedereingliederung eines Steinbruchs kosten ein Vielfaches davon). Entsprechende Arbeiten an allen Materialentnahmestellen im Regierungsbezirk Tübingen würden dann zumindest 41 Mill. DM (*German & Klepser* 1976) kosten.

Tatsächlich dürften diese Arbeiten jedoch ein Vielfaches davon kosten, weil bei den meisten Materialentnahmestellen die Seitenwände nicht so einfach abgeschrägt werden können wie in dem gewählten Beispiel (Kies). Nach dem Verursacherprinzip sind diese Maßnahmen vom abbauenden Unternehmer durchzuführen und zu bezahlen. Es fragt sich daher, ob diese Rekultivierungsarbeiten in den Preiskalkulationen immer ausreichend berücksichtigt wurden. Deshalb ist hier anzuführen: Landschaftspfleglicher Abbau verursacht geringere Rekultivierungskosten als der vielfach frontal in den Berg vorangetriebene mit hohen Steilwänden.

Diese Arbeiten zur Rekultivierung sind deshalb wichtige Beiträge zur Landschaftspflege, weil durch die Versiegelung der Landschaft für Hoch- und Tiefbau laufend große Flächen aus dem natürlichen Verband herausgenommen werden. Die ökologischen Reserven werden dadurch immer wieder vermindert, so daß an geeigneten Stellen eine Verbesserung des Naturhaushalts durch Pflegemaßnahmen angezeigt ist.

Daneben gibt es auch Hänge, welche von Natur aus rutschgefährdet sind, auch wenn nur relativ einfache Eingriffe vorgenommen werden (z.B. in den Schichten des Opalinustones oder des Knollenmergels in Württemberg). Die Zusammenhänge zwischen der auf der ganzen Erde vorkommenden Bodenerosion und dem Landschaftshaushalt sind in Tab. 17 zusammengestellt.

Aufgaben:
1. Stellen Sie Landschaftsschäden (Tab. 15) in Ihrer Heimat (am Ferienort) fest und ermitteln Sie deren Fläche bzw. Länge (Kartieren auf durchsichtigem Deckblatt zur topographischen Karte 1:25000 bzw. Flurkarte).

Tab. 17: *Auswirkungen der Abtragung auf den Landschaftshaushalt*

Komplex der beeinflussenden Faktoren	Bewirkter Vorgang
Bodenart Grundwasserstand Relief Windexposition Nutzung Durchgrünung der Flur	Auswehung
Hangneigung Ausgangsgestein und seine Schichtlagerung Boden- und Sickerwasser Nutzung	Schwerkraftbedingte Bodenzerstörung
Relieftyp Hangneigung Bodenart Bodenstruktur Niederschlag Nutzung	Abspülung

Einzelprozesse und ihre Indikationsformen	Direkte Auswirkung	Ergebnis bei häufiger Wiederholung
— Verdriftung von Boden = Deflationsmulden — Flugsanddecken, Dünen — Mechanische Schädigung der Feldfrucht — Verarmung des Bodens an Kolloiden	Erosionsbereich: Ernteschäden, Verringerung der Nährstoff- und Wasserspeicherung, Trockenschäden Akkumulationsbereich: Ernteschäden, Verschlechterung der Nährstoffversorgung durch Flugsandüberdeckung	Lange wirkende Boden-Degradierung. Nachlassen der Erträge bei höheren Kosten
Aufreißen der Dauervegetation = — Viehgangeln, Rasenschälen, Wanderrasen — Hanganrisse (Blaiken) — Schollenrutschungen, Hanganbrüche — Zerrunsung des Hanges	Entwertung des Weidelandes, Erhöhung der Abflußspitzen Dauerschäden durch Zerstörung des Bodenprofils	Vorübergehende oder dauernde Aufgabe von Kulturflächen, wasserwirtschaftliche Probleme
— Rillen- und Rinnenbildung — Verschüttung des Hangfußes — Veränderung des Kleinreliefs	Schädigung des Bodens, seines Profilaufbaus und seiner Eigenschaften, Verlagerung der Nährstoffe	Lange wirkende Boden-Degradierung. Nachlassen der Erträge bei höheren Kosten
Erhöhung der Sinkstoff- und Nährstoffbelastung der Gewässer	Eutrophierung der Gewässer, Verschlämmung der Vorfluter, Auelehmbildung	Wasserwirtschaftliche Probleme

G. Olschowy (Hrsg.): Natur- und Umweltschutz in der Bundesrepublik Deutschland. Hamburg: Parey 1978, S. 107

2. Welche Arbeiten sind nötig, um diese Landschaftsschäden zu beheben?
3. In welchen Zeiträumen dürften diese Verbesserungsmaßnahmen erst möglich werden?
4. Erheben Sie die Materialentnahmeflächen in Ihrem Landkreis getrennt nach stillgelegten bzw. im Abbau befindlichen, nach rekultivierten bzw. nicht rekultivierten Flächen(teilen). Wie groß ist der Anteil an der Gesamtfläche des Kreises?
5. Wieviel Erdaushub und wieviel Fahrten wären nötig, um allein die kleinste (größte) Materialentnahmestelle in Ihrem Landkreis zu füllen, wenn bei jedem Transport 10 m³ Aushub transportiert würden?
6. Wieviel Erdaushub stehen in Ihrer Heimatgemeinde (Kreis) jährlich zur Verfügung? Wie lange würde die Verfüllung einer Grube dauern? Was würde die Verfüllung kosten, wenn bei 1 km Fahrtstrecke etwa 1 DM Unkosten entstehen (vorausgesetzt, daß der Aushub kostenlos zur Verfügung gestellt wird und daß keine Subventionen für die Verfüllung bezahlt werden)?

IV Schutzobjekte und ihre Pflege

15 Flächenschutz

Die *rechtliche Seite*. Die nachgewiesenen Gefahren, welche sowohl der Landschaft als auch der freilebenden Pflanzen- und Tierwelt drohen, wurden durch den Gesetzgeber zumindest teilweise erkannt. Er hat deshalb die Möglichkeit eröffnet, sowohl durch Schutz der Arten, also der wildwachsenden Pflanzen und freilebenden Tiere, als auch der Landschaftsfläche schützend einzugreifen (Arten- bzw. Flächenschutz). Aus diesem Grund ist die Entwicklung der verschiedenen Schutzkategorien vom jeweiligen Rechtsstatus in den Gesetzen abhängig. In den einzelnen Bundesländern ist teilweise eine Eigenentwicklung eingetreten, welche durch das Rahmengesetz des Bundes, das *Bundesnaturschutzgesetz,* wieder aufgefangen werden soll. Dabei ist zu beachten, daß rein rechtlicher Schutz auch nur dann vollständig wirksam wird, wenn sich alle Menschen daran halten. Deshalb sind zur Ahndung von Vergehen in den Gesetzen auch Bußgelder für *Ordnungswidrigkeiten* (Tab. 18) aufgeführt.

Solange das Wissen um die ökologischen Verhältnisse nicht Allgemeingut der Bevölkerung ist, muß durch Öffentlichkeitsarbeit der Behörden, der Wissenschaftler und der Vereine dieser Mangel behoben werden. Einen wichtigen Beitrag leistet dabei der *Naturschutzdienst* (Abb. 2; Naturschutzwarte). Als Mitglieder von Vereinen führen sie ehrenamtlich in ihrer Freizeit Überwachungsgänge in der Natur aus, um Spaziergänger, Wanderer und ggf. motorisierte Menschen zu informieren bzw. bei schweren oder/und wiederholten Vergehen den Behörden zu melden. Die Naturschutzwarte kontrollieren außerdem die geschützten Objekte in der Landschaft und melden ggf. Veränderungen und Schäden.

Tab. 18: *Stark vereinfachter Auszug der Ordnungswidrigkeiten aus dem Bundesnaturschutzgesetz § 64*

Die einzelnen Ordnungswidrigkeiten beziehen sich auf ganz konkrete Teile des Gesetzes, welche im Original angegeben sind. Sie stehen im Gesamtzusammenhang mit den ökologischen Notwendigkeiten bzw. der ordnungsgemäßen Nutzung der Natur.

Ordnungswidrig handelt, wer vorsätzlich oder fahrlässig

ein Vorhaben ohne die erforderliche Genehmigung der Naturschutzbehörde beginnt,
einer Rechtsverordnung oder einer Anordnung der Naturschutzbehörde zuwiderhandelt,
Handlungen vornimmt, die zu einer Zerstörung oder Veränderung des Naturschutzgebiets führen können,
ein Naturdenkmal entfernt oder Handlungen vornimmt, die ein Naturdenkmal oder seine geschützte Umgebung zerstören, verändern oder beeinträchtigen können,
einer vollziehbaren Anordnung zuwiderhandelt,
im Erholungsschutzstreifen ohne die Genehmigung der zuständigen Behörde bauliche Anlagen errichtet oder wesentlich erweitert,
Auflagen nicht rechtzeitig oder nicht ordnungsgemäß erfüllt,
chemische Mittel oder Wirkstoffe anwendet,
der Verpflichtung zur Bewirtschaftung oder Pflege nicht oder nicht ordnungsgemäß nachkommt,
den Verboten über Werbeanlagen zuwiderhandelt,
wildwachsende Pflanzen mißbräuchlich nutzt,
Pflanzenvorkommen ohne vernünftigen Grund niederschlägt oder verwüstet,
wildlebende Tiere mutwillig beunruhigt, ohne vernünftigen Grund fängt oder tötet,
brütende oder sich sammelnde Tiere unnötig stört,
die Vegetation auf Wiesen, Feldrainen, ungenutztem Gelände, an Hecken, Hängen oder Böschungen, lebende Zäune, Bäume, Gebüsche oder Röhrichtbestände abbrennt,
Pflanzen oder Pflanzenbestandteile besonders geschützter Arten ausgräbt, abpflückt, absägt oder auf andere Weise beschädigt,
die vom Aussterben bedrohten Arten an ihren Lebens-, Brut- und Wohnstätten stört, insbesondere durch Fotografieren und Filmen.

Nach: Gesetzblatt für Baden-Württemberg, Jg. 1975, Nr. 21, S. 675 ff.

Beim *Flächenschutz* wird eine in der „Schutzgebietskarte" parzellenscharf eingezeichnete Fläche unter den in einer *Rechtsverordnung* genau angegebenen Bedingungen unter Schutz gestellt. Je nach der Bedeutung der Fläche bzw. des Schutzobjekts können verschiedene Stufen des Schutzes angewandt werden. Nach BNatSchG sind dies:
– Naturschutzgebiet (NSG),
– Nationalpark (NatP),
– Landschaftsschutzgebiet (LSG),
– Naturpark (NP),
– Naturdenkmal (ND) und
– geschützter Landschaftsbestandteil (LB).

Je nach Schutzkategorie sind mehr oder weniger Verbote, die „Erlaubnisvorbehalte", in der Schutzverordnung enthalten. Durch die wissenschaftliche Bearbeitung des flächenhaften Schutzgebiets (botanische und zoologische Kartierung, Erdgeschichte) ist dabei auch ein erdwissenschaftliches Element enthalten. Die Bedeutung der verschiedenen Schutzkategorien wird nachstehend kurz dargelegt. Die Unterschiede sind nicht immer scharf.

Naturschutzgebiete können aus verschiedenen Gründen (Tab. 19) von der zuständigen Naturschutzbehörde (Abb. 2) verordnet werden. Sie genießen den höchsten Schutz. Deshalb werden alle Veränderungen untersagt, welche dem Schutzzweck zuwiderlaufen. Das bedeutet jedoch nicht, daß gar nichts mehr geschehen darf. Ohne klimatische Änderung und ohne Bewirtschaftung würde bei uns im Laufe der Zeit meist Wald entstehen. Solcher „Urwald" (Sekundärwald) wird bereits längere Zeit an geeigneter Stelle von der Forstverwaltung ausgewiesen und ist aus der Bewirtschaftung ausgeschieden (Bannwald).

Je größer die Naturschutzgebiete sind, um so besser kann sich dort die freilebende Tier- und Pflanzenwelt entwickeln, insbesondere wenn durch das Schutzgebiet keine Verkehrswege führen und keine Siedlungsbereiche darin liegen. So läßt sich z.B. schon am Pflanzenbestand entlang der Landesstraße, welche seit Jahrzehnten quer durch das Naturschutzgebiet „Wurzacher Ried" führt, ablesen, daß diese Zone sich durch Straßenstaub und den Straßenkörper (begrenzte Entwässerung und Einsinken durch das Gewicht) in einem etwa 30 m breiten Streifen gegenüber dem angrenzenden Ried verändert hat. Obwohl es für Pflanzen und Tiere vorteilhaft ist, wenn in Naturschutzgebieten keinerlei Nutzung erfolgt, werden die zum Zeitpunkt der Unterschutzstellung ausgeübten Nutzungen (meist land- und forstwirtschaftliche) weiterhin zugelassen. Sollte dies aus den Schutzgründen nicht erwünscht sein, ist über Entschädigung zu verhandeln. Viele Naturschutzgebiete sind Feuchtgebiete (→ Kap. 16). Die Naturschutzgebiete der Bundesrepublik Deutschland sind in Tab. 20 zusammengestellt.

Nationalparks (Tab. 19) unterscheiden sich von Naturschutzgebieten vor allem dadurch, daß sie über 10000 ha Fläche und eine eigene Verwaltung besitzen sollen. Die Bundesrepublik besitzt bisher nur den Nationalpark Baye-

Tab. 19: Kriterien zur Ausweisung von Schutzgebieten nach dem Bundesnaturschutzgesetz

Kriterien nach dem Bundesnaturschutzgesetz	Schutzgebietskategorien:				
	NSG	NatP	ND	LSG	LB
Ökologische Erfordernisse (Naturhaushalt, Ökosysteme, Biozönosen, Biotope)	+	(+)		+	+
wissenschaftliche Gründe	+	(+)	+		
naturgeschichtliche oder landeskundliche Bedeutung	+	(+)	+	+	(+)
Schönheit, Eigenart (Seltenheit)	+	+	+	+	(+)
Großräumigkeit		+			
geringer menschlicher Einfluß		+			
Abwehr schädlicher Einwirkungen					+
Nutzungsfähigkeit von Naturgütern				+	
Bedeutung für die Erholung				+	

NSG = Naturschutzgebiet, NatP = Nationalpark, ND = Naturdenkmal, LSG = Landschaftsschutzgebiet, LB = geschützter Landschaftsbestandteil

G. Olschowy (Hrsg.): Natur- und Umweltschutz in der Bundesrepublik Deutschland. Hamburg: Parey 1978, S. 756

Tab. 20: Verteilung der Naturschutzgebiete in der Bundesrepublik Deutschland nach dem Stand vom 20. 10. 1976

Land	Landesfläche ha	Fläche der Naturschutzgebiete ha	%	Anzahl der NSG
Schleswig-Holstein	1.567.584,0* ca. 1.772.104,0**	ca. 9.491,59*** 170.191,59	0,59 9,59	82
Hamburg	75.315,0* ca. 90.450,0**	ca. 1.890,00*** 2.087,00	2,51 2,31	7
Niedersachsen	4.740.759,0* ca. 4.915.375,0**	ca. 49.651,45*** 105.093,45	1,05 2,14	208
Bremen	40.377,0	6,09	0,02	3
Nordrhein-Westfalen	3.404.414,0	14.828,24	0,44	236
Hessen	2.111.066,0	6.899,90	0,33	92
Rheinland-Pfalz	1.983.768,0	4.838,86	0,25	74
Baden-Württemberg	3.574.960,0	25.113,32	0,70	215
Bayern	7.054.692,0	102.898,12	1,46	165
Saarland	256.752,0	170,27	0,07	17
Berlin (West)	48.008,0	218,65	0,46	14
Bundesrepublik insges.	24.857.695,0* 25.251.966,0**	216.051,49*** 432.390,49	0,87 1,71	1.115

* Die Landesflächen der Bundesländer wurden dem Statistischen Jahrbuch 1973 entnommen
** Landes- und Wattflächen
*** NSG ohne Watt- und Meeresflächen

G. Olschowy (Hrsg.): Natur- und Umweltschutz in der Bundesrepublik Deutschland. Hamburg: Parey 1978, S. 764

rischer Wald sowie den Alpen- und Nationalpark Berchtesgaden. Die Verordnung weiterer Nationalparks ist in Mitteleuropa durch die dichte Besiedlung und die bestehenden vielfältigen Rechte von Grundstückseigentümern, durch Jagd, Forst, Fischerei usw. sowie lokale Politik sehr erschwert. Aus der Sicht des Naturschutzes würden sich z. B. das nordfriesische Wattenmeer (*Erz* 1972), die Lüneburger Heide und die Rhön eignen.

Landschaftsschutzgebiete (Tab. 19) genießen einen niedrigeren Rechtsschutz als Naturschutzgebiete, aber einen höheren als die ungeschützte freie Landschaft. Sie dienen neben der für diesen Zweck meist problemlosen land- oder forstwirtschaftlichen Nutzung auch der Erholung in der freien Natur. Deshalb soll die Vielfalt, Eigenart und Schönheit des Landschaftsbildes erhalten bleiben. Eingriffe, insbesondere baulicher Art, sollen hier möglichst vermieden werden (z. B. Hütten, Einzelhäuser, Landeplätze usw.).

In der Bundesrepublik gibt es etwa 5000 Landschaftsschutzgebiete, welche etwa 1/4 des Bundesgebietes einnehmen. Die Ausdehnung der einzelnen Schutzgebiete schwankt von einigen wenigen Hektar bei einer Wacholderheide bis fast zur Größe eines Landkreises.

Naturparks sind „einheitlich zu entwickelnde und zu pflegende Gebiete, die" großräumig sind, sich für die Erholung besonders eignen und für den Fremdenverkehr erschlossen werden sollen.

Naturdenkmäler (Tab. 19) sind Einzelschöpfungen der Natur (→ Kap. 9). Das Naturschutzgesetz Baden-Württembergs eröffnet die Möglichkeit, daß auch eine Fläche bis 5 ha in der Umgebung des Objekts mitgeschützt wird (flächenhaftes Naturdenkmal).

Geschützte Landschaftsbestandteile (geschützte Grünbestände in Baden-Württemberg) sind Elemente (Kleinformen) – auch in Siedlungen –, welche wesentlich zur Gliederung und Belebung der Landschaft (z. B. Hekken, Anlagen usw.) beitragen. Sie sind ein wichtiges Element des Naturhaushalts inmitten der genutzten Fläche (→Kap. 5 bis 8).

Aufgaben:
1. Stellen Sie in einer Liste die Naturschutzgebiete und Landschaftsschutzgebiete Ihrer Heimat zusammen (Namen, Fläche und Bedeutung). Zeichnen Sie diese Schutzgebiete mit ihren Grenzen auf eine Folie, und legen Sie diese über eine topographische Karte 1:25000. Ergänzen Sie durch Kreuze oder Kreise die Lage der Naturdenkmale.
2. Welche weiteren Objekte oder Flächen würden sich aus Ihrer Sicht für eine Unterschutzstellung unter erdwissenschaftlichen Gesichtspunkten eignen? Beachten Sie sowohl landschaftstypische als auch seltene Erscheinungen. Versuchen Sie einen repräsentativen Querschnitt zusammenzustellen.

16 Feuchtgebiete

Feuchtgebiete sind Flächen auf dem Festland, bei welchen der Wasserhaushalt gegenüber anderen Standortfaktoren vorherrscht (z.B. bei Mooren, Rieden, Sümpfen, Tümpeln, Streuwiesen, Verlandungsbereichen von Seen, Flußmündungen, Bruch- und Auwäldern). Im Laufe der letzten 200 Jahre sind gerade in Mitteleuropa weite Flächen solcher Feuchtgebiete im Zuge einer aus heutiger Sicht falsch verstandenen Aufklärung bei kulturtechnischen Maßnahmen vernichtet worden.
Begradigungen von Fließgewässern, z.B. Oberrhein (→ Kap. 17), Entwässerung von Mooren, Rieden und Sümpfen (bes. im Alpenvorland), Absenkung von Seen (z.B. Federsee) und die Vernichtung riesiger Strecken von Bruch- und Auwäldern haben zunächst vordergründig eine Ertragsverbesserung für die Landwirtschaft gebracht. Auf Dauer gesehen (d.h. nachhaltig im Sinne des Gesetzes) hat diese ,,Entwicklung'' der Landschaft und des Naturkreislaufes rückblickend jedoch zu beachtlichen Schäden sowohl der unbelebten (z.B. Erosionsschäden an Ufern von Fließgewässern) als auch der belebten Natur geführt (starker Verlust z.B. bei Pflanzen und Tieren, besonders bei der Vogelwelt in den Feuchtgebieten). Als Indikatoren für Umweltgifte bzw. Umweltbelastungen und bei natürlichen Schäden sind Vögel aber besonders wichtig (z.B. Anzeige von DDT-Anreicherung usw.). Ohne diese Tiere wären wir solchen Gefahren aus dem Stoffkreislauf schutzlos ausgesetzt, weil wir dafür kein Sinnesorgan haben. Deshalb müssen wir bestrebt sein, jedes Feuchtgebiet mit seiner dazugehörigen natürlichen Pflanzen- und Tierwelt zu erhalten. Die ökologische Fragwürdigkeit kulturtechnischer Maßnahmen in unserem Land hat sich in der Zwischenzeit gezeigt, besonders, nachdem die biologischen Wissenschaften die ökologischen Zusammenhänge erarbeitet haben.
Gelegentlich gehen von solchen Feuchtflächen Störungen aus. Wie der sog. Schnakenkrieg am Oberrhein 1977 gezeigt hat, ist es aber keineswegs notwendig, solche Tiere sofort mit chemischen Giften zu bekämpfen. Natürliche Stoffe, z.B. Lipidfilme, können meist den gleichen Effekt erzielen, ohne andere Organismen auch noch zu schädigen bzw. zu vergiften. Weil – selbst kleine – Wasserflächen für den Naturkreislauf aus biologischen Gründen notwendig sind, muß es vermieden werden, solche Flächen zuzuschütten. Fortschrittliche Bestrebungen, wie z.B. im Landkreis Sigmaringen, bestehen sogar darin, eine größere Zahl solcher Tümpel in geoökologisch zweckmäßiger Lage neu anzulegen (Vermehrungs- und Nahrungsteiche).
Der Anteil der Moorflächen ist in den einzelnen Ländern und Landschaften recht verschieden (Abb. 21, Tab. 21). Galt es früher als fortschrittlich, Moorflächen zu nutzen (Torfgewinnung, Ackerbau), so werden diese Flächen heute geschützt und vom Naturschutz möglichst aufgekauft. Die ökologische Bedeutung der Moore und anderer Feuchtgebiete liegt z.B. in der
– natürlichen Wasserrückhaltung (Schwammwirkung, wichtig in Extremzeiten des Niederschlags),
– Klimaregulation (hohe spezifische Wärme des Wassers),
– Bedeutung als wertvolle Lebensräume für bedrohte wildwachsende Pflanzen und freilebende Tiere (oft letzte ungenutzte Flächen in der genutzten Landschaft; am Federsee allein mehrere tausend Insekten/m^2 und Jahr),
– Bedeutung als unersetzliche Forschungsstätten der Geo- und Biowissenschaften und schließlich als natürliches Freilichtmu-

Abb. 21: Nieder- und Hochmoorflächen in der Bundesrepublik Deutschland

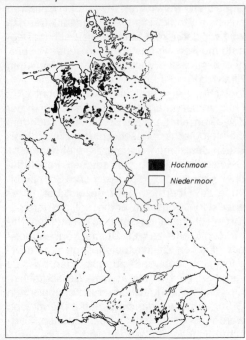

K. Göttlich: Moor- und Torfkunde. Stuttgart: Schweizerbart 1976, S. 57

Tab. 21a: Verteilung der Moore in einigen Ländern Europas

Länder	Moorflächen in km² = 100 ha	Moorflächen in % der Landesfläche
Nordeuropa		
Finnland	100 000	32,0
Schweden	55 000	14,5
Norwegen	30 000	9,2
Dänemark	1 000	2,3
Island	10 000	9,7
Westeuropa		
Großbritannien	15 819	6,6
England	3 617	2,8
Wales	1 588	7,5
Nord-Irland	2 400	17,8
Schottland	8 214	10,7
Irland	12 000	17,1
Frankreich	1 200	0,2
Mitteleuropa		
Niederlande	450	1,3
Belgien	10	*
Bundesrepublik Deutschland	11 250	4,5
DDR	4 890	4,5
Österreich	220	0,3

K. Göttlich: Moor- und Torfkunde. Stuttgart: Schweizerbart 1976, S. 28

Tab. 21b: Verteilung von Hoch- und Niedermoor in den Ländern der Bundesrepublik Deutschland (z. T. nur grobe Schätzungen)

	Hochmoor ha	%	Niedermoor ha	%
Niedersachsen und Bremen	330 000	7,0	300 000	6,3
Bayern	59 000	0,8	141 000	2,0
Schleswig-Holstein und Hamburg	25 000	1,6	135 000	8,6
Baden-Württemberg	20 000	0,6	40 000	1,1
Nordrhein-Westfalen	5 000	0,1	60 000	1,8
Rheinland-Pfalz und Saarland	2 000	0,10	3 000	0,15
Hessen	1 000	0,05	4 000	0,19
Bundesrepublik insgesamt	442 000	1,8	683 000	2,7

K. Göttlich: Moor- und Torfkunde. Stuttgart: Schweizerbart 1976, S. 28

seum der Erd- und Landschaftsgeschichte, z. B., um einen Verlandungsprozeß mit dem Wandel der Formen und Pflanzenbestände zu verfolgen, wie am Federsee oder im Wollmatinger Ried am Bodensee (zu den verschiedenen Moorarten s. *German* 1979a).

Der Nutzen solcher Flächen für Land- und Forstwirtschaft ist denkbar gering und steht, besonders in Landschaften mit wenig Feuchtgebieten, in keinem Verhältnis zum ökologischen Schaden. Die langjährigen Erfahrungen, z. B. bei den „Moorhöfen" im Federseegebiet bei Sattenbeuren, zeigen, daß selbst bei hohen Aufwendungen die Erträge gering sind. Oft sind Moorflächen nur ertragsarme Grenzertragsflächen (saure Wiesen). Die bei Bewirtschaftung unvermeidliche

Durchlüftung der Moorböden macht sich im Torfschwund bemerkbar (bei Ackerbau etwa 1 cm/Jahr, bei Grünland die Hälfte, Olschowy 1978). Die nachfolgende Verdichtung führt zu weiteren Schäden, z.B. zu verstärktem Abfluß.
Bildungen von Kaltluftseen, geringe Leitungsfähigkeit des Bodens für Wärme (5 cm unter der Oberfläche treten Tagesschwankungen kaum noch auf) und die rasche Abgabe der an der Oberfläche angesammelten Wärme (dunkle Farbe) sind charakteristische Eigenschaften von Moorböden. Ihre Nutzung ist daher meist wenig empfehlenswert. Der Verlust an ökologischer Substanz wiegt demgegenüber weit schwerer.
Die Nutzung des Torfes sollte zukünftig einer pfleglichen Behandlung weichen. Dies läßt sich in Landschaften mit reichen Vorkommen (Tab. 21), z.B. durch begrenzten (teilweisen) Abbau im Maße der Neubildung oder von schon früher entwässertem Hochmoortorf bewerkstelligen. Durch geeignete Ausgleichsmaßnahmen kann im Zuge des Abbaus der Prozeß der Hochmoorbildung erneut eingeleitet und im Zuge eines planvollen Abbaues ein wertvoller Biotop gestaltet werden. Bei der vom Naturschutzgesetz gewünschten nachhaltigen Nutzbarkeit der Naturgüter sollte bei der langen Bildungszeit des Torfes (einige Jahrtausende) jeweils nur ein sehr bescheidener Prozentsatz abgebaut werden. Die bisher üblichen unschönen rechteckigen Abbauflächen (Parzellengrenze) müssen harmonischen landschaftsgemäßen Formen weichen. Aufgrund landschaftspflegerischer Abbau- und Rekultivierungspläne sollte nur noch dort der Abbau genehmigt werden, wo die Pflanzen- und Tierwelt nicht entscheidend gefährdet ist. In Baden-Württemberg ist der Schutz der Feuchtgebiete durch Paragraph 16 NatSchG geregelt. Diese Flächen sind durch bestimmte Pflanzengesellschaften charakterisiert (Tab. 22).

Tab. 22: *Einige typische Pflanzen im landwirtschaftlich genutzten Wirtschaftsgrünland (1), in den zwischen Landwirtschaft und Naturschutz oft umstrittenen Feuchtwiesen (2) und in besonders schützenswerten ungedüngten Feuchtwiesen, vornehmlich Flachmooren (3)*

(1) Wirtschaftsgrünland (= intensiv genutztes und gedüngtes Grünland)		
Weißklee	Goldhafer	Pippau
Glatthafer	Rotklee	Bärenklau
Wiesenfuchsschwanz	Wiesenrispengras	Wiesenkerbel
(2) Feuchtwiesen mit gedüngten Sumpfdotterblumenwiesen a), bzw. ungedüngten Pfeifengraswiesen (= Streuwiesen) b)		
a) Sumpfdotterblume	b) Pfeifengras	
Binsen	Teufelsabbiß	
Kohldistel	Sumpfschafgarbe	
Schlangen-Knöterich	Färberscharte	
Waldsimse	Weiden-Alant	
Kuckuckslichtnelke	Mädesüß	
Sumpfhornklee	Wald-Engelwurz	
(3) besonders schützenswerte ungedüngte Feuchtwiesen, vornehmlich Flachmoore (*)		
Fuchs-Segge	Schlamm-Schachtelhalm	Braun-Segge *
Rispen-Segge	Blutweiderich	Igel-Segge *
Steif-Segge	Gilbweiderich	Grau-Segge *
Sumpf-Segge	Wasserminze	Wollgras z. Tl. *
Schnabel-Segge	Sumpf-Schachtelhalm	Rasenbinse *
Schilf		Mehlprimel *

Feuchtgebiete im Sinne des § 16 NatSchG sind nur die Flächen (2) und (3). Von *Görs* (1977) wird für Feuchtgebiete folgende Definition vorgeschlagen: „... Gebiete, in denen das Wasser wenigstens einen Teil des Jahres im Überschuß vorhanden und damit derjenige ökologische Faktor ist, der ihren Standort prägt".

Nach: S. Görs: Feuchtgebiete und ihre Abgrenzung. – Veröff. Naturschutz Landschaftspfl. Bad.-Württ., 46, Karlsruhe. 1977, S. 241–249

Aufgaben:
1. *Wo liegen im Heimatbereich Feuchtgebiete (Bestandsaufnahme, Schutz)?*
2. *Welche Arten von Feuchtgebieten kommen vor?*
3. *Welche Fläche einer topographischen Karte 1:25000 nehmen diese Feuchtgebiete ein (%-Anteil)?*
4. *Welche Feuchtflächen wurden früher zugeschüttet (%-Anteil)?*
5. *Welche Flächen wurden entwässert? Wie stark ist der Ertrag gestiegen?*
6. *Messen Sie zu verschiedenen Tageszeiten und in verschiedener Tiefe die Temperatur.*
7. *Wo bestehen Möglichkeiten zu landschaftsgemäßer Neuanlage von Feuchtgebieten?*

17 Gewässer- und Naturschutz

Seit 100–150 Jahren werden zur Landgewinnung (zunehmende Bevölkerungsdichte), zum Schutz der Bevölkerung (erhöhte Zivilisationsansprüche) und zur Verbesserung der Verkehrsverhältnisse Eingriffe in Gewässer und ihre Uferbereiche vorgenommen. Am Oberrhein wurden beispielsweise seit 1817 Laufverkürzungen durchgeführt. Dabei ist die Strecke von 354 auf 273 km und die Breite mit dem Auwald stellenweise auf $1/40$ vermindert worden. Das hatte zwar sowohl für die Schiffahrt auf dem Rhein als auch für den Querverkehr Vorteile und beseitigte die Überschwemmungsgefahr weitgehend. Dieser Eingriff in die Natur war aber mit schwerwiegenden Nachteilen verbunden (z.B. Erosion mit Absenkung des Grundwasserspiegels um über 5 m; Abb.22). Die Talaue mit ihrem wertvollen Auwald veränderte sich völlig („Versteppung"). Viele Pflanzen erreichten den Grundwasserspiegel nicht mehr. Diese und ähnliche Folgen an vielen anderen Flüssen zeigen, daß durch Flußverbauung eine zu starke und unnatürliche Vertiefung und Einengung der Fließgewässer in ein künstliches Bett erfolgte. Die Folgen waren weitere Hochwässer, die das neue Bett nicht immer fassen konnte, zumal bei der Bemessung des Flußbettes oft nur das 20- oder 50jährige Hochwasser zugrunde gelegt wurde. Zukünftig empfiehlt es sich, möglichst von 500jährigen Extremen auszugehen, zumal durch die „Versiegelung" eines hohen Anteils unserer

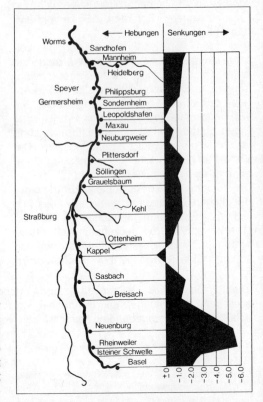

Abb. 22: *Heutiger Verlauf des Oberrheins von Basel bis Worms mit den Veränderungen der Höhenlage des Flußbettes*

W. Schäfer: Kranker Oberrhein – Maßnahmen zu seiner Gesundung. In: Umschau in Wissenschaft und Technik 1974, S. 39. Frankfurt: Umschau Verlag

Die Veränderungen der Höhenlage des Flußbettes wurden durch Flußbaumaßnahmen im 19. und 20. Jahrhundert herbeigeführt. Dadurch wurde auch das Grundwasser auf großen Flächen tiefer gelegt (Brunnen, Pflanzenwurzeln!).

Tab. 23: *Anthropogene Eingriffe am Gesamtlauf der Schmiecha und an der Lauter bis Ortsende Albstadt-Ebingen*

	Schmiecha		Lauter	
Verdolung	890 m	2,1 %	890 m	5,3 %
Kanalisierung	3480 m	8,2 %	3210 m	19,1 %
Trapezausbau	–	–	4080 m	24,3 %

Nach: W. Ludwig: Untersuchung und Bewertung des naturnahen Gehölzbestandes an 3 Fließgewässern im Bereich des Albvorlandes und der Schwäbischen Alb. Veröff. Naturschutz Landschaftspflege Bad.-Württ., 50. Karlsruhe 1979, S. 90

Abb. 23: Querschnitt durch die Aue des Rheins mit ihren wichtigsten Vegetationszonen

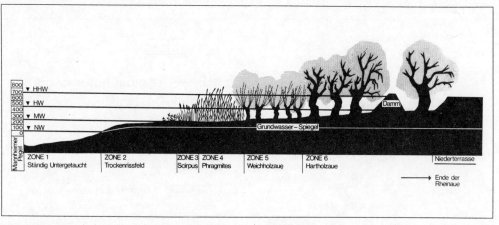

Die Lage des Dammes weit außen erlaubt die Verteilung des Hochwassers auf eine große Fläche. Diese Verteilung des Wassers führt zu großer Reibung und damit zu geringerer Geschwindigkeit. Auf diese Weise wird die Wirkung der Erosion ebenso wie durch die angezeigte Pflanzenwelt vermindert, im Gegensatz zu den kanalartigen schmalen Flußläufen.

W. Schäfer: Kranker Oberrhein – Maßnahmen zu seiner Gesundung. In: Umschau in Wissenschaft und Technik, 1974, S. 38. Frankfurt: Umschau Verlag

Bodenfläche der Abfluß schneller erfolgt. Die Arbeiten des Flußbaues, die Pegelbeobachtung, die Berechnung der Wassermengen usw. werden heute von der Wasserwirtschaftsverwaltung besorgt.

Die Interessen des Naturschutzes bei wasserwirtschaftlichen Problemen umfassen folgende Bereiche:
- Erhalt bzw. Verbesserung (Pflanzmaßnahmen) standortgerechter *Ufergehölze* und des *Auwaldes* (Abb. 23); Vogelschutzgehölze, natürlicher Erosionsschutz für die Ufer, besonders in der Wasserwechselzone (reichhaltige Tierwelt), so daß reparaturanfällige künstliche Uferbauten entfallen (Beispiele: Bewertung des Gehölzbestandes, Abb. 24). Anthropogene Eingriffe (Tab. 23) schädigen oder zerstören den Uferbereich des Gewässers (Abb. 24) und vermindern seinen Natürlichkeitsgrad,
- Erhalt, Pflege und Verbesserung der Gräser, Kräuter im Uferbereich (keine Dekoration, sondern ökologische Bedeutung),
- Erhalt der *Flußschlingen* (Mäander) und Altwässer zur Biotoppflege für Wasser- bzw. Uferpflanzen und Wassertiere (Abb. 25), Verhinderung der Tiefenerosion (Auswirkungen bei Begradigung, z.B. Oberrhein oder Wittlinger Saarbogen); Seitenerosion ist möglich, kann jedoch durch einen Streifen Auwald in Grenzen gehalten werden,
- Erhalt bzw. Verbesserung der Feuchtgebiete in der Talaue (keine Intensivnutzung, sondern extensive Grünlandwirtschaft, Düngung nur durch Hochwasser),
- Erhalt bzw. Gestaltung beidseits flacher, stark zurückgesetzter naturnaher *Uferböschungen*. Üblicherweise herrscht üppiges Tierleben im Grenzbereich Land/Wasser bei Seen und Fließgewässern; nach Uferverbau kommen teilweise nur noch 50% der Tierarten und 15% der Pflanzen vor. Außerdem erlauben natürliche flache Ufer (Abb. 23) die Aufnahme großer Hochwassermengen im Hochwasserbett. Die Zuschüttung eines Uferstreifens an Seen oder Fließgewässern (z. B. für Badeanlagen, Camping, Uferpromenade usw.) beeinträchtigt oder zerstört daher die ökologisch wichtigsten Teile. Solche „Landgewinnung" oder die Vermarktung von Deltagebieten führt zu Schäden für den Naturkreislauf.
- die *Gewässersohle* soll eine gewisse Rauhigkeit aufweisen, um den Eintrag von Sauerstoff zu ermöglichen (Gegensatz kanalartiger Ausbau mit fast laminarer Strömung)

Abb. 24: Bewertung des naturnahen Gehölzbestandes an der Lauter aufgrund von Geländeaufnahmen

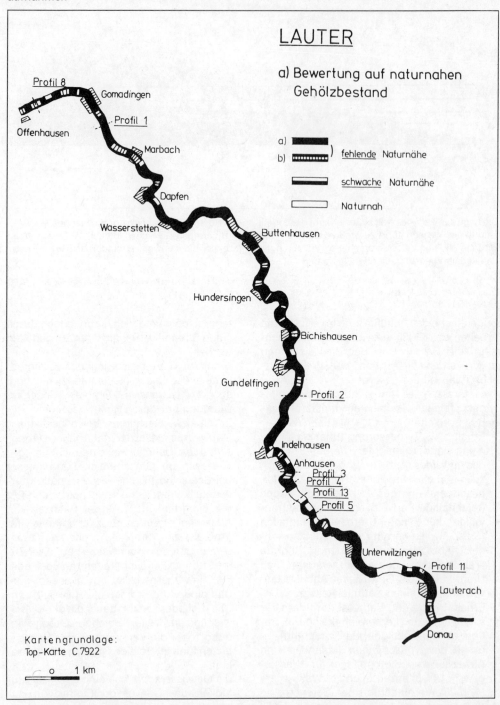

W. Ludwig: Untersuchung und Bewertung des naturnahen Gehölzbestandes an drei Fließgewässern im Bereich des Albvorlandes und der Schwäbischen Alb. Veröff. Naturschutz Landschaftspflege Bad.-Württ., 49/50. Karlsruhe 1979, S. 75

Abb. 25: *Schema von Altrheinschlingen*

Die Altrheinschlingen können in verschiedener Weise mit dem Hauptstrom in Verbindung stehen und ggf. zum Auffangen von Hochwasser verwendet werden:
1 = beidseitige Verbindung
2 = nur Ausfluß in Verbindung mit dem Hauptstrom
3 = beidseitig vom Hauptstrom durch Verlandungsvorgänge getrennt, Wasserfluß jedoch durch verschließbare Zu- und Ableitungsbauwerke regulierbar

W. Schäfer: Kranker Oberrhein – Maßnahmen zu seiner Gesundung. In: Umschau in Wissenschaft und Technik, 1974, S. 40. Frankfurt: Umschau Verlag

und um Wassertieren Unterschlupf zu ermöglichen,
– Freihalten der Talaue (Erosionsgefahr), ebenso von Überbauung und Aufschüttungen (→Kap. 8), wegen Grenzen der Wassernutzung s. *Ascheraden* (1977),
– Erhalt der natürlichen Wassertemperatur zum Schutz von Flora und Fauna (bei Kühlung von Kraftwerken höchstens 28°C s. *Schönnamsgruber* 1973),
– Rückhaltebecken stellen Bauwerke zur vorübergehenden Zurückhaltung von Hochwasser dar, um talab Schäden und überschwemmte Flächen zu verhindern. Gelegentlich wird bei diesen Anlagen auch ein Dauerstau in einem (Vor-)Becken (zur Klärung) angelegt. Diese Wasserflächen haben meist geringe oder keine ökologische Bedeutung, da sie entweder zu Rummelplätzen werden (Naherholung) oder die angesiedelte Pflanzen- und Tierwelt durch die teilweise jährliche Beseitigung des abgesetzten Sediments (Ausbaggern) weitgehend zerstört wird. Außerdem sind Rückhaltebecken meist vermeidbare Veränderungen in der freien Landschaft, insbesondere der oft reizvollen Oberläufe von Fließgewässern. Sind sie unvermeidlich, sollte ein Rückhalteplan für das gesamte Flußgebiet einschließlich ausgewiesener Überschwemmungsgebiete erstellt werden (nach Aktionsgemeinschaft Natur- und Umweltschutz Baden-Württemberg e.V.). Naturnahe Maßnahmen (Mäanderbildung, Erhalt der Talauen, Uferbepflanzung, Auwälder usw.) können im Außenbereich zur Verhinderung schnell abfließenden Niederschlags angewandt werden.
– Erhalt des Grundwasserspiegels in einer Tiefe, welche die Vegetation an der Oberfläche erreicht (drohende Versteppung bei zu starker Wasserförderung, wie z.B. am Vogelsberg und im Hessischen Ried; vgl. Raubnutzung der sich nicht erneuernden Grundwässer unter der Sahara (*Hötzl, Job & Zötl* 1977). Wiederanheben des Grundwasserspiegels kann zu einer Verbesserung des Ökotops führen (Abb. 26).
– Freihalten der Fließgewässer von Überbauung (Brücken, Verdolung), weil solche Unterbrechungen für manche Tiere (im Wasser) Hindernisse sind.
– Erhalt bzw. Wiederherstellung gesunder Seen; Verhinderung bzw. Beseitigung der Eutrophierung durch Abwasserbeseitigung. Das Schema des Stoffwechsels in einem See (vgl. Gefahren bei sauren Regen) zeigt Abb. 27. Die Zugänglichkeit der Seeufer ist ein wichtiges Rechtsprinzip (Betreten der freien Landschaft, NatSchG § 37). Es hat dort seine Grenzen, wo ökologisch wertvolle Flächen, z.B. Feuchtgebiete, liegen (Tab. 24).

Daneben gibt es noch umfangreiche erdwissenschaftliche Aufgaben im weiteren Bereich des Umweltschutzes mit indirekten Auswirkungen auf den Naturschutz. Hydrogeologische Gesichtspunkte stellte *Käss* (1973) zusammen, teilweise bedenklichen Schwermetallgehalt in Flußsedimenten und Uferfiltrat bestimmten *Förstner & Müller* (1974) und *Förstner* (1978). *Harress* (1973) konnte nachweisen, daß in den Wintermonaten eine starke Chloridzunahme in dem für Trinkwasser genutzten Karstwasserkörper des Oberen Muschelkalks erfolgt (Salzstreuen) und daß dort

Abb. 26: Veränderung der Pflanzendecke in einem Auewald an der Donau vor und nach Anhebung des Grundwasserspiegels

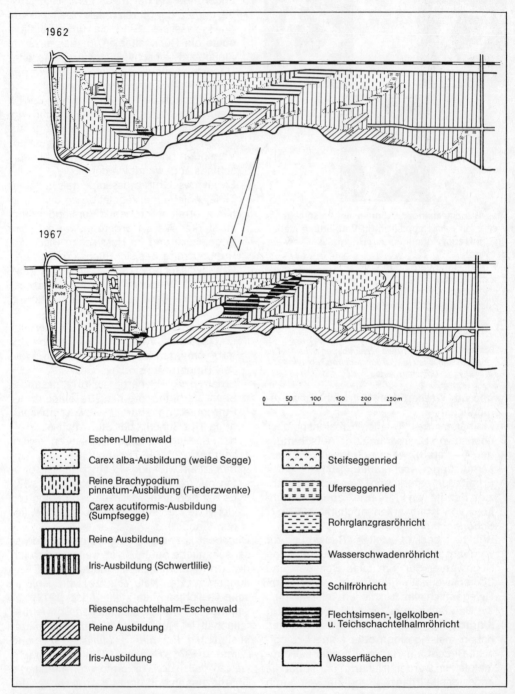

K. Buchwald, W. Engelhardt (Hrsg.): Handbuch für Planung, Gestaltung und Schutz der Umwelt, Bd. 2. München: BLV Verlagsgesellschaft 1978, S. 318

Abb. 27: Schema des Stoffwechsels im Ökosystem eines Süßwassersees

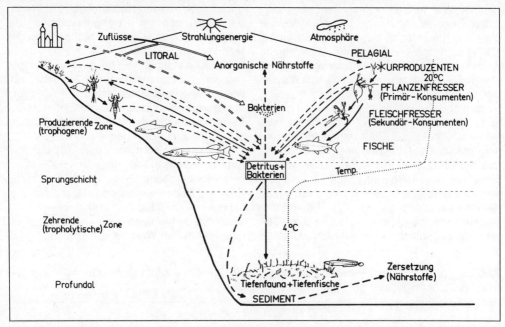

G. Olschowy (Hrsg.): Natur- und Umweltschutz in der Bundesrepublik Deutschland. Hamburg: Parey 1978, S. 191

Zur Bedeutung der Sprungschicht mit dem Dichtemaximum und der Zirkulation des Seewassers, vgl. German (1979, S. 49).

Tab. 24: Zugänglichkeit der Seeufer im Ammer-Isar-Hügelland Oberbayerns

		Gesamtufer-länge	Ufer frei zugänglich	Ufer nicht zugänglich Privatbesitz	Ufer ökologisch wertvoll; für Erholung nicht geeignet
55 Seen	in m	180 300	59 500	52 100	68 700
	in %	100	33	29	38
Ammersee	in m	42 000	22 800	10 600	8 600
	in %	100	54	25	21
Pilsensee	in m	6 000	1 300	2 600	2 100
	in %	100	22	43	35
Wörthsee	in m	11 000	2 500	8 200	300
	in %	100	23	75	3
Starnberger See	in m	49 200	20 800	22 700	5 700
	in %	100	42	46	12

Quelle: Bayer. Landesamt für Umweltschutz, 1976, aus G. Olschowy (Hrsg.): Natur- und Umweltschutz in der Bundesrepublik Deutschland. Hamburg: Parey 1978, S. 159

Abwässer der umliegenden Gemeinden nachweisbar sind. Den Zusammenhang zwischen Bevölkerungsdichte, Industrie, Abwässern und Kläranlagen zeigten *Haas & Hannss* (1974) für das Gebiet des oberen Filstales, zur Ausbreitung radioaktiver Wässer vgl. *Mattheß* (1973). Die Wege von Schadstoffen ins Wasser und in ihm zeigt Abb. 28.

Vorschläge zur naturnahen Sanierung des kulturtechnisch verbauten Oberrheins und seiner Ufer hat unter Einbeziehen der Altwasserarme *Schäfer* (1974) vorgelegt (Abb. 23 und 25). Manche Landwirte fordern zwar weitere Entwässerungen, Begradigungen, Beseitigen von Ufervegetation usw. Wenn diese Maßnahmen aber nicht der Staat (und damit der Steuerzahler) bezahlen oder zumindest subventionieren würde, wären sie nicht nur ökologisch schädlich, sondern auch ökonomisch unrentabel (Kosten-Nutzen-Analyse). Naturnahe Lösungen sind oft länger haltbar als die zeitlich begrenzt wirkenden Maßnahmen des technischen Flußbaues. Wir müssen daher technische Maßnahmen auf ein Minimum begrenzen, um zumindest im Außenbereich wieder einen möglichst naturnahen Zustand bei unseren Gewässern zu erreichen. Selbst Fischtreppen beheben nicht für alle Fischarten die Nachteile auf den Wanderungen.

Fließgewässer sind dynamische, d. h. sich laufend verändernde Teile der sich umgestaltenden Erdoberfläche (Hebung der Erdkruste, Erosion, Sedimenttransport, Ablagerung s. *German* 1979a). Sie sind außerordentlich instabil, so daß entlang der Fließgewässer oft ein wiederholter Wechsel von Erosion, Trans-

Abb. 28: *Schematische Darstellung der Wege, auf denen Schadstoffe in das Grundwasser und in Oberflächengewässer gelangen können*

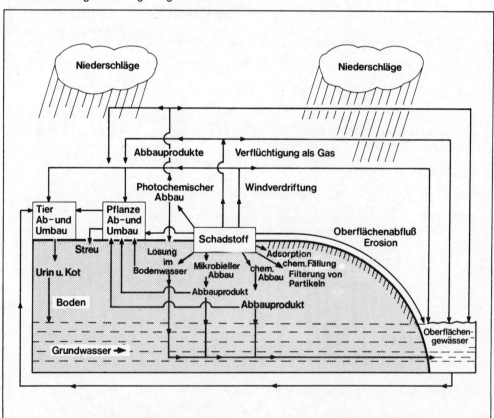

K. Buchwald, W. Engelhardt (Hrsg.): Handbuch für Planung, Gestaltung und Schutz der Umwelt, Bd. 2. München: BLV Verlagsgesellschaft 1978, S. 79

port und Ablagerung stattfindet. Diese problematischen Auswirkungen können wir am besten begrenzen, indem wir die Lösungen der Natur und nicht der Technik mit ihren streng definierten Versuchsbedingungen verwenden. Entsprechend den topographischen Gegebenheiten, dem Gesteinsuntergrund, der Tektonik und den klimatischen Verhältnissen besitzen Fließgewässer unterschiedliches Gefälle, wechselnde Uferausbildung und einen mehr oder weniger gewundenen Lauf. Eingriffe in dieses System ziehen früher oder später Folgen nach sich. Daher ist es sinnvoll, die Fließgewässer, besonders die Mittel- und Oberläufe, nicht in ein schmales Bett zu pressen, sondern ihnen einen natürlichen Spielraum innerhalb der Talaue, dem Überschwemmungsbereich der Fließgewässer, zu gewähren (versiegelte Flächen; → Kap. 8).

Eine dichte Pflanzendecke im Einzugsgebiet eines Gewässers und ein breiter Auwald werden die Hochwasserwirkung herabsetzen. Die Talaue sollte als Rückhaltefläche für Hochwässer (Retentionsfläche nach Wassergesetz) von jeder Bebauung bis zur ersten Terrasse freigehalten werden. Diese natürliche Funktion der Talaue erspart meist hohe Kosten für die Behebung von Hochwasserschäden. Außerdem werden auf diese Weise auch die Grundwasserverhältnisse verbessert. Durch das Preußische Uferschutzgesetz von 1924, das nordrhein-westfälische Landschaftsgesetz (bis 50 m Entfernung von Gewässern keine Bebauung) und das Naturschutzgesetz von Baden-Württemberg (Erholungsschutzstreifen von 50 m Breite entlang den Bundeswasserstraßen und den Gewässern I. Ordnung) sind erste Ansätze für funktionsgerechte Freihaltung der Talaue gemacht. Weitere umfangreiche Maßnahmen müssen folgen, um alle Fließgewässer und unsere Landschaft sinnvoll und naturnah zu erhalten, zu pflegen oder zu gestalten (breites Bett mit großem Querschnitt und flaches Ufer mit reicher standortgerechter Vegetation, Abb. 23; siehe auch Gewässer im Naturzustand in Übersee). Technisch gestaltete Profile werden immer wieder zu Schadstellen führen.

Aufgaben:
1. Wo treten an Fließgewässern Ihrer Umgebung Erosionsschäden auf (Darstellung auf einer Karte)? Messen Sie jeweils die Länge der Schadstelle für beide Seiten getrennt und berechnen Sie den Prozentsatz der Flußlänge.
2. Führen Sie entsprechende Arbeiten über wilde Ablagerungen bzw. Ufergehölze durch.
3. Wo treten im Zuge dieser Fließgewässer Engstellen auf, welche bei Hochwasser gefährlich werden können (Brücken, Rohre usw.)?
4. Welche Flächen werden bei Hochwasser überschwemmt? Sind auf diesen Flächen oder in der Umgebung (Gefahr bei stärkerem Hochwasser) Gebäude oder Straßen?
5. Reicht der Querschnitt von Brücken auch für stärkere Hochwässer (starke und plötzliche Einengung des Flußquerschnitts hat Wirbel und evtl. Schäden zur Folge)?
6. Bestimmen Sie zu verschiedenen Zeiten die Wassermenge der Fließgewässer.
7. Welche Auskünfte können Sie beim zuständigen Wasserwirtschaftsamt über Wassermenge (Wasserstand) bei 50-, 100- bzw. 500jährigem Hochwasser erhalten?
8. Warum treten im Herbst Probleme bei Fließgewässern auf (Wasserführung, organisches Leben im Wasser und am Rande, Erwärmung durch Kraftwerke und Energiebedarf)?
9. Führen Sie zu verschiedenen Jahreszeiten Temperaturmessungen an Fließgewässern durch (möglichst immer die gleiche Stelle benützen und gut durchmischtes Wasser messen).
10. Vergleichen Sie einen von Ihnen kartierten Flußlauf mit dem Verlauf in der ersten Landesaufnahme.
11. Zeichnen Sie Profile durch das Tal (5fache Überhöhung).
12. Kartieren und messen Sie den natürlichen bzw. ausgebauten Zustand (die Ufervegetation) der Fließgewässer in Ihrer Heimat. Auf welche Länge sind Fließgewässer überbaut (Brücken, Verdolung u.a.)?
13. Wo kommen noch naturnahe Fließgewässer mit Mäandern, Prall- und Gleithängen vor?
14. Wo ist die Talaue überbaut (Einengen des Hochwasserquerschnitts, besonders bei Brücken)?
15. Wie sind die Gewässersohlen bei den

Fließgewässern beschaffen (Ausbau, Sediment)? Kartieren Sie die Gewässersohle.
16. Wie verteilen sich Wald, Wiese, Ackerland und überbaute Fläche (Straße, Siedlungsbereich) im Einzugsgebiet eines Fließgewässers Ihrer Heimat? Welcher Querschnitt steht zum Abfluß höchstens zur Verfügung?
17. Welche Flächen eignen sich in Ihrer Heimat, um als Retentionsflächen ausgewiesen zu werden?

18 Landschaftspflege – Biotopschutz

Die Ziele der Landschaftspflege haben im Laufe der Zeit gewechselt (Wald – Feld, Park). Wichtige Teilaufgaben werden in Zusammenarbeit mit anderen Fachbehörden bearbeitet (Flurbereinigung, Land- und Forstwirtschaft, Wasserwirtschaft; → Kap. 5, 6 und 17). Als Spezialaufgabe ist dem Naturschutz die Pflege von Biotopen, also von Lebensräumen, wie z. B. Seen, Moore, Wiesen, verblieben, in welchen eine gegenüber ihrer Umgebung verschiedene, aber einheitliche wildlebende Tier- und Pflanzenwelt vorkommt. Diese Biotope werden gegenwärtig in einigen Bundesländern auf Karten und Formblättern erfaßt (Biotopkartierung). Gelegentlich wird dafür auch der Ausdruck ökologische Frei- bzw. Ausgleichsfläche verwendet, um den Gegensatz zu genutzten Flächen herauszustellen.

Allein in Baden-Württemberg wurden bisher über 6000, in Bayern über 1500 neue Biotope aufgenommen. Zusammen mit den bereits ausgewiesenen Naturschutzgebieten und Naturdenkmalen (→ Kap. 9 und 15) bilden sie das ökologische Grundgerüst, an welchem der Fortbestand eines gesunden Naturkreislaufes hängt. Diese Flächen bedürfen einer besonderen Pflege, weil sie sich unter den gegenwärtigen Klimabedingungen (→ Kap. 19) in ihrer jetzigen Zusammensetzung zum Teil nicht erhalten würden. Dies hängt damit zusammen, daß durch die mittelalterliche Rodung des Waldes eine *offene Landschaft* mit lichterem Charakter entstanden ist. In diese offenen Flächen ist eine sonst südlicher vorkommende Pflanzenwelt eingewandert, so daß dadurch mit den bodenständigen Organismen zusammen eine größere Artenvielfalt entstanden ist. Diese Vielfalt ist ökologisch wertvoll, sie wirkt stabilisierend auf den Naturhaushalt. Dabei ist es wichtig, daß besonders viele *verschiedene* Tierarten und *-gruppen*, also nicht *viele Exemplare* einer einzigen Art vorkommen. Eine Großzahl einer einzigen Art, z. B. Möwen am Federsee, führt durch Massenkrankheiten eher zu Gefahren (vgl. Monokulturen und Schädlingsbefall).

Viele Pflanzen- und Tierarten sind bei uns bereits ausgestorben oder sind in Gefahr, bald ausgerottet zu werden, weil nur noch eine geringe Zahl von Individuen vorkommt. Diese Organismen werden in sog. Roten Listen für jedes Land geführt. Die verschiedenen Tierarten benötigen unterschiedliche Lebensräume, welche für die spezielle Lebensform geeignet sind. Deshalb muß dafür ein geeignetes System *vernetzter ökologischer Freiflächen* (→ Kap. 6) geschaffen werden (*German* 1979d).

Die *Pflege der Landschaft* Mitteleuropas ist aus den angeführten Gründen ein Kampf gegen die Wiederbewaldung, also fortgesetzte Freihaltung der offenen Flächen, damit die Artenvielfalt (z. B. manche Orchideen) erhalten bleibt. In den Naturschutzgesetzen spielt deshalb der Artenschutz mit dem Verbot des Pflückens, Ausgrabens, Handelns usw. eine wichtige Rolle. Da dies eine biologische Frage ist, kann hier nicht näher darauf eingegangen werden.

Bei den Tieren handelt es sich darum, durch Jagd die ausgerotteten natürlichen Feinde zu ersetzen (z. B. Fuchs).

Landschaftspflege kann erfolgen durch
– Mähen (Mulchen) von Wiesen, Schafweiden usw. (z. B. *Mahr* 1976, *Mattern, Wolf & Mauk* 1979),
– Freischneiden von Gebüsch mit Spezialgeräten,
– Beseitigung von Bäumen, Waldarbeit (Forstverwaltung),
– Abweiden durch Schafe.

Flämmen ist eine unökologische Arbeitsweise, da selbst bei günstigsten Bedingungen (Feuchtgebiet mit hohem Grundwasserstand, Flämmen sofort nach Schneeschmelze) eine Schädigung der Tierwelt nachweisbar ist. Außerdem werden dabei die Nährstoffe nicht aus dem Gebiet entfernt wie bei der dort früher üblichen Streugewinnung (Eutrophierung).

Das mechanische Freischneiden und Mähen bringt auf Wacholderheiden der Schwäbischen Alb eine größere Artenvielfalt mit ca. 80

Abb. 29: Wacholderheide auf der Schwäbischen Alb vor und nach Einsatz eines Landschaftspflegetrupps

Fotos: Bezirksstelle für Naturschutz und Landschaftspflege, Tübingen

bis 120 Arten als Landschaftspflege durch Schafbeweidung mit nur ca. 60 bis 80 Arten. Von Vereinen werden jährlich gemeinsame Pflegemaßnahmen oder/und Jugendlager (*Makowski* 1956) durchgeführt, wobei die Entfernung des Mähgutes die Hauptaufgabe ist, damit dieses nach dem Verrotten nicht wieder düngend wirkt. Als Beispiel für die Wirkung von Pflegemaßnahmen zeigt Abb. 29 eine Wacholderheide vor und nach Durchführung der Pflegemaßnahmen.

Wacholderheiden sind Pflanzengesellschaften, die vom Menschen geschaffen wurden. Unter den prägenden Faktoren wie Klima, Bodenexposition, Hangneigung und Bewirtschaftung haben sich Extensivweiden ausgebildet, die früher ausschließlich der Schafzucht dienten. Sie sind heute ein charakteristischer und prägender Bestandteil der Schwäbischen Alb. Sehr viele dieser Flächen sind durch Überbauung und Aufforstung verlorengegangen oder haben sich durch die einsetzende natürliche Entwicklung, den Wildwuchs (Sukzession), der Pflanzengesellschaften nach Beendigung der Bewirtschaftung selbst bewaldet.

Die Standorte der Wacholderheiden können stichwortartig folgendermaßen charakterisiert werden: sommerwarm, Hanglagen, Süd-, Südwest- oder Westexposition, flachgründige, kalkreiche Böden, die im Sommer zumindest oberflächlich stark austrocknen. Hinzu kommen die Bewirtschaftungsfaktoren Verbiß, Bodenerosion durch Viehtritt in steilen Lagen.

Die Vegetation ist je nach der Intensität der Bewirtschaftung unterschiedlich. Da heute im Vergleich zu früher nur noch schwach beweidet wird, finden sich kaum mehr artenarme, erodierte Weideflächen, sondern in der Regel artenreiche Pflanzengesellschaften, welche auch viele Steppenheidepflanzen enthalten (zahlreiche Orchideenarten, Silberdistel, Wildrosen, Thymian, Enziane, Braunelle, Küchenschelle, Graslilie, Hufeisenklee). Entsprechend reichhaltig sind auch die Insektenbestände. Gelegentlich auftretende Einzelbäume (Kiefer, Buche, Fichte), die früher als Viehunterstände auf den Weideflächen geduldet wurden, geben den Weideflächen mit den Hunderten von Wacholderbüschen einen malerischen Reiz.

Der enge Bezug zwischen Bewirtschaftung und Pflanzengesellschaften läßt vermuten, daß die Vegetation auf eine eventuelle Aufgabe der landwirtschaftlichen Nutzung wie folgt reagiert: Nach starker Zunahme des Gebüschs (Wacholder, Schlehe, Weißdorn) folgen Kiefern- und schließlich Laubwald mit Buchenreinbeständen.

Andere Landschaftspflegearbeiten bestehen im Beseitigen von unerwünschtem Birkenanflug (Lüneburger Heide), um den Heidezustand nicht zu verfälschen. Das Ziel dieser Arbeiten ist damit keineswegs, die potentielle natürliche Vegetation (*Müller & Oberdorfer*

Abb. 30: *Vegetationsgebiete der Bundesrepublik Deutschland*

1 *Küstenvegetation*
(Salzvegetation, Weiß- und Graudünen, Zwergstrauchheiden, Vegetation der eingedeichten Marschen und Moormarsch)

2 *Auenvegetation der Stromtäler*
(Silberweidenwald, Eichen-Ulmenwald, Erlen-Eschenwald, Sternmieren-Eichen-Hainbuchenwald)

3 *Vegetationsgebiet bodensaurer Eichen-Buchenwälder des Flachlandes auf Sandböden*
(Eichen-Birkenwälder, Eichen-Buchenwälder, Zwergstrauchheiden, Ombrotrophe Moore, Birkenbruchwälder)

4 *Vegetationsgebiet der Moore und Bruchwälder*
(Birkenbruchwald, Ombotrophe Moore, Schwarzerlenbruchwald, Niedermoore)

5 *Vegetationsgebiet subkontinentaler Kiefern- und Kiefern-Eichenwälder*
(Moos-Kiefernwald, Kiefern-Eichenwald)

6 *Vegetationsgebiet der Labkraut-Eichen-Hainbuchenwälder mit Perlgras- oder Waldmeister- und Hainsimsen-Buchenwäldern*
(Labkraut-Eichen-Hainbuchenwald, Perlgras-Buchenwald, Waldmeister-Buchenwald, vor allem in Süddeutschland, Hainsimsen-Buchenwald, Platterbsen-Buchenwald)

7 *Vegetationsgebiet der Flachland-Buchenwälder mit Sternmieren-Eichen-Hainbuchenwäldern*
(Flattergras-Buchenwald, Perlgras-Buchenwald, Sternmieren-Eichen-Hainbuchenwald)

8 *Vegetationsgebiet der Hainsimsen-Buchenwälder*
(Hainsimsen-Buchenwald)

9 *Vegetationsgebiet der Buchenwälder des Tertiärhügellandes*
(Hainsimsen-Buchenwald, Waldmeister-Buchenwald)

10 *Vegetationsgebiet der Perlgras- und Zahnwurz-Buchenwälder*
(Perlgras-Buchenwald, Zahnwurz-Buchenwald, Seggen-Buchenwald)

11 *Vegetationsgebiet der Platterbsen-Buchenwälder*
(Platterbsen-Buchenwald, Seggen-Buchenwald, Waldmeister-Buchenwald)

12 *Vegetationsgebiet der Tannen-Buchenwälder und Tannenwälder süddeutscher Silikat- und Sandsteingebirge*
(Hainsimsen-Tannen-Buchenwald, Waldmeister-Tannen-Buchenwald, Labkraut-Tannenwald, Beerstrauch-Kiefern-Tannenwald, Hainsimsen-Tannenwald, im Ostschwarzwald auch Wintergrün-Fichten-Tannenwald)

13 *Vegetationsgebiet der Waldmeister-(Tannen-)Buchenwälder des Alpenvorlandes*
(Waldmeister-[Tannen-]Buchenwald, Hainsimsen-Buchenwald)

14 *Vegetationsgebiet des Labkraut-Tannenwaldes der Flyschzone*
(Labkraut-Tannenwald, Peitschenmoos-Fichtenwald)

15 *Vegetationsgebiet der Hainlattich-Tannen-Buchenwälder mit Fichtenwäldern der Kalkalpen*
(Hainlattich-Tannen-Buchenwald, Subalpiner Fichtenwald)

16 *Vegetationsgebiet der Fichtenwälder auf Silikatgestein*
(Peitschenmoos-Fichtenwald, Reitgras-Fichtenwald)

17 *Subalpine und alpine Vegetation*
(Hochstaudenfluren, Grünerlen- und Legföhrengebüsch, Alpine Grasfluren, Fels- und Schuttfluren)

G. Olschowy (Hrsg.): Natur- und Umweltschutz in der Bundesrepublik Deutschland. Hamburg: Parey 1978, S. 248–249

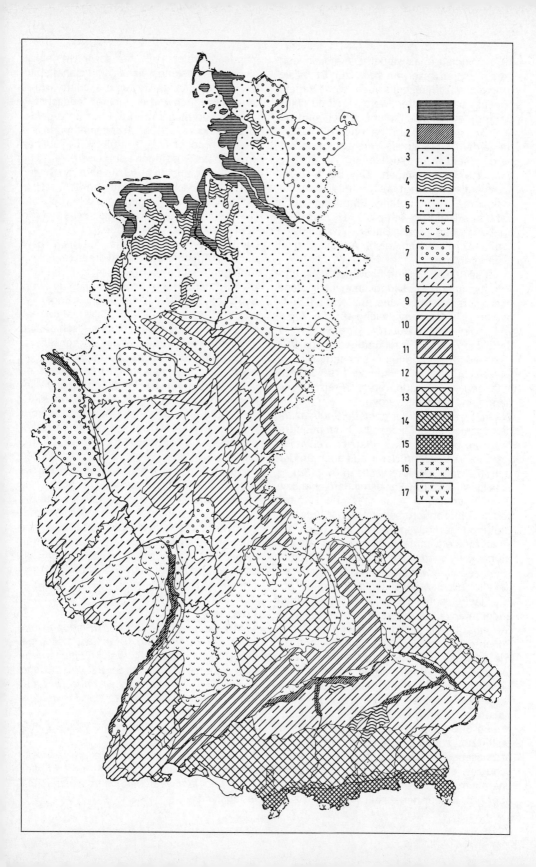

1974) Mitteleuropas wiederherzustellen, sondern zur Verbesserung bzw. zur Stabilisierung des Naturhaushalts auch reiche Vegetationsbilder zu erhalten, welche erst durch die Eingriffe des Menschen entstanden sind, sofern diese sich bewährt haben (z. B. Wacholderheiden). Die aktuelle Verbreitung der höheren Pflanzen in Württemberg stellte *Seybold* (1977) zusammen. Die beste Landschaftspflege besteht im Verhindern von vermeidbaren und verbotenen Eingriffen (z. B. in der Landwirtschaft → Kap. 5 und 6, beim Straßenbau → Kap. 7, beim Bauen → Kap. 8 usw.), d. h. nicht Flämmen, nicht Auffüllen, nicht Drainieren usw.

Im Zusammenhang mit Projekten der Landschaftsplanung ist es möglich, neue Biotope, besonders Feuchtbiotope, anzulegen (*Löderbusch* 1979; Nahrungsteiche für die Vogelwelt, Laichplätze). Durch Anlage neuer Wasserflächen, z. B. „zukünftiger Federsee" (*German* 1969), können bestehende Biotope (Naturschutzgebiet „Federsee" s. *German* 1972) u. a. von Fremdenverkehr, Freizeitaktivitäten usw. entlastet werden.

Wichtig ist die *standortgemäße Bepflanzung* neu anzulegender Flächen, z. B. nach Eingriffen. Das bedeutet, daß Pflanzen verwendet werden, welche von Natur aus auch an dem betreffenden Standort wachsen (Abb. 30).

Eine klare Trennung von wirtschaftlicher bzw. Erholungsnutzung einerseits und Naturschutzgebiet andererseits ist aus Gründen der Biotoppflege notwendig, wie z. B. Seen und Feuchtgebiete immer wieder zeigen. Absperrungen zwischen verschiedenen Abschnitten eines Seeufers werden nicht oder selten eingehalten. Nach Möglichkeit sollten daher solche Flächen entweder für die eine oder für die andere Verwendung zugelassen werden (z. B. *German* 1969). Selbst Kurwege in einem Feuchtgebiet sind fragwürdig, wenn nicht, wie z. B. am Federseesteg, die Begrenzung eindeutig festgelegt werden kann. Wie die Trittschäden auf dem Feldberg im Südschwarzwald zeigen, gibt es auch für die freie Landschaft Obergrenzen der Belastbarkeit.

Neben den genannten zahlreichen Einzelarbeiten zur Landschaftspflege gehört es zu den erdwissenschaftlichen Aufgaben des Naturschutzes, dafür zu sorgen, daß der Gesamtcharakter einer Landschaft erhalten bleibt oder ggf. wieder hergestellt wird. Dazu zählt insbesondere ein typisches sowie ein natürliches abwechslungsreiches Landschaftsbild. Unsere ehemalige Naturlandschaft wurde durch Einebnen und Vernichten landschaftlicher Kleinformen und -strukturen im Zuge der Einführung rationeller Arbeitsmethoden immer monotoner (z. B. Auffüllen von Dolinen und Tobeln, Beseitigen von Felsen, Verfüllen von Feuchtgebieten usw.). An anderen Stellen wurde die Erdoberfläche aufgerissen, so daß sie zumindest örtlich geomorphologisch entstellt ist und Rekultivierungsarbeiten erforderlich werden (→ Kap. 12).

Durch geomorphologische Analysen bzw. durch Aufnahme der noch vorhandenen natürlichen Kleinformen und -strukturen und deren Bilanzierung kann, ähnlich wie bei den geomorphologischen Veränderungen (→ Kap. 10) oder wie beim Felsenfaktor (→ Kap. 13; *German* 1980a) das Landschaftsbild charakterisiert werden. Wie abwechslungsreich, wenn auch nicht so rentabel nutzbar, muß z. B. das Alpenvorland früher gewesen sein, als zerstreut viele Findlinge auf den Wiesen lagen und als dort noch Alpenrosen blühten. Heute sind diese Steine in langen, oft monotonen Mäuerchen entlang der Wege aufgeschichtet und bilden Refugien für einige verbliebene Pflanzen, welche auf den Wiesen heute nicht mehr wachsen können. Ferner wurden die Findlinge zu Straßenschotter zerkleinert oder in Gebäude eingebaut und die ehemaligen Weiden sind gedüngten Löwenzahnwiesen gewichen. Solche Beispiele aus früher abwechslungsreicheren Landschaften zeigen uns, was wir für unsere „fortschrittliche", aber oft auch fragwürdige ökonomisch orientierte Zivilisation eingetauscht haben.

Aufgaben:
1. Wo befinden sich in Ihrer Umgebung ungenutzte Grundstücke (Brachland, ökologische Freiflächen usw.)? Welche Fläche nehmen sie ein? Wer ist der Besitzer? Ist Pflege dieser Flächen nötig, um wichtige Biotope, wie z. B. geschützte Pflanzen auf Wacholderheiden, zu erhalten?
2. Welche Flächen werden noch als Schafweiden genutzt?
3. Versuchen Sie, die Unterschiede im Insektenbestand zwischen ökologischen Freiflächen und landwirtschaftlichen Nutzflächen festzustellen.

V Ökologie und Naturkreislauf

19 Lufthülle und Klimaänderungen

Alle Organismen (Pflanzen, Tiere, Menschen) sind durch Kreisläufe miteinander und mit der Erdoberfläche, dem Meer und der Lufthülle verbunden (Abb.1). Sowohl die Verwendung von Bio-Indikatoren als auch der Nachweis von Giften aus Industriebetrieben in Nahrungsmitteln (Seveso; Thallium aus Zementwerken) zeigen den Zusammenhang zwischen Organismen und Lufthülle. Eine wissenschaftlich-ökologische Betrachtungsweise muß daher den ganzen Ökotop (Standort) mit allen Einflüssen beachten, zumal die Folgen rasch weltweit auftreten und lange Zeit einwirken (vgl. Folgen der Atombombenversuche). Der Vollständigkeit halber werden daher – abweichend vom rechtlichen Begriff von Naturschutz und Landschaftspflege – auch diese Sachbereiche hier in einem Überblick angeführt. Im Behördenbereich werden die Sachgebiete Luft und Meer beim Umweltschutz bzw. in eigenen Fachbehörden bearbeitet.

Viele Gase sehen und riechen wir nicht. Der Mensch ist daher in diesen Fällen – wie bei der Radioaktivität – auf indirekte Anzeiger (technische Geräte oder Bio-Indikatoren, also Pflanzen und Tiere) angewiesen, um Veränderungen bzw. Schäden festzustellen. War es früher in Siedlungsbereichen meist nur der Hausbrand, welcher sich störend bemerkbar machte, so sind die Belastungen, welche sich heute auf die Lufthülle auswirken, wesentlich gestiegen. Solche Belastungen sind z.B. (Auswirkungen in Klammer):

– CO_2-Emissionen durch alle Verbrennungsvorgänge (Anreicherung in der Lufthülle kann zu Klimaveränderungen führen; Treibhauseffekt, veränderte Reflexion bei Teilen der Strahlung; *Flohn* 1977, 1979).
– SO_2- und Stickoxidemissionen durch Industrieabgase bzw. Brennstoffe wie Kohle und Öl (Schädigung von Pflanzen, z.B. Fichten, und auch von Bauwerken). Die Belastungen sind wie z.B. in der Region Untermain in Katastern festgehalten. Natürliche SO_2-Freisetzung findet bei Vulkanen statt und führt dort außerdem zu Schwefellagerstätten. Der Ätna fördert bis zu 3700 t/Jahr.
– Freisetzen von Energie (Erhöhung der Temperatur in der Lufthülle s. Abb. 31; Veränderung der Klimazonen und damit der Vegetations- und Lebenszonen in ungewisser, nicht umkehrbarer Weise).
– Verwendung von Chlorfluormethan (CFM) als Treibmittel für Sprühdosen bzw. durch die Herstellung von Stickstoffdünger. Diese Stoffe führen zum Verbrauch von Ozon und damit zur Vernichtung der Ozonschicht. Sie schützt uns vor zu starker UV-Strahlung. Bereits die teilweise Zerstörung der Ozonschicht würde wahrscheinlich zu Hautkrebs und zu weiterer Temperaturerhöhung (in 50 Jahren etwa 0,9°C; *Seifert* 1977) führen.
– Absetzen von festen und auch flüssigen Schadstoffen, welche in die Luft geblasen

Abb. 31: *Entwicklung der globalen Mitteltemperaturen im Vergleich mit der natürlich bedingten Streubreite*

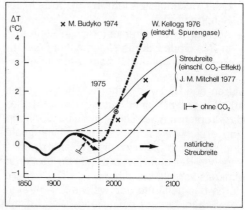

Vorausschau unter Verwendung von Modellrechnungen und Abschätzungen.

H. Flohn: Stehen wir vor einer Klima-Katastrophe? In: Umschau in Wissenschaft und Technik, 1977, S. 568. Frankfurt: Umschau Verlag

werden (z. B. Flugzeugtreibstoff) und auf die Erdoberfläche fallen, wie z. B. Staub aus Industriebetrieben, teilweise trotz Filterung, Blei in den Autoabgasen trotz Herabsetzen der Höchstwerte (Aufnahme in Pflanzen und damit über Tiere oder direkt in die menschliche Ernährung, Anreicherung durch Nahrungsketten, besonders in menschlichen Organen, z. B. Niere). Als Folge des Verbrauchs von Rohstoffen übersteigen bei den Elementen As, Se, Zn, Pb, Ni, Cd, V und Cu die künstlichen Emissionen die natürlichen bis zum 70fachen. Außerdem stellt die chemische Industrie ständig neue Stoffe her. Bei den wenigsten sind die langfristigen Auswirkungen auf die Umwelt und besonders ihren organischen Teil bekannt.

– Rodung bzw. Veränderung der Vegetation, z. B. Amazonas, Sahelzone (Veränderung der Rückstrahlung, Albedo). Nachdem eine Änderung der Rückstrahlung um 0,01 nach einem vereinfachten Strahlungsmodell eine Temperaturänderung von 1,1°C bedingt, sind beachtliche Auswirkungen auf das Klima zu befürchten. Diese Auswirkungen der Rückstrahlung gleichen diejenigen der Temperaturerhöhung bisher weitgehend aus, wenn wir die gesamte Erde betrachten. Regional kann dies, wie für Nordafrika modellartig berechnet wurde, zu einer Vergrößerung des Abstandes der Regenzonen und damit einer Vergrößerung des Trockengürtels führen (vgl. Dürre in der Sahelregion).

– Ausregnen von Fremdstoffen in Seen und in den Boden durch Niederschlag (saurer Regen, Radioaktivität nach Atombombenversuchen).

Durch den Bau von Schornsteinen (z. B. bis 400 m Höhe bei einer Hütte in Ontario) wird das Problem einiger Schadstoffe nur vorläufig und örtlich gelöst. Eine zunächst minimale und unterhalb der offiziellen Toleranzgrenze liegende Belastung wird auf einen größeren Umkreis verteilt, bis schließlich das Problem durch das gehäufte und weltweite Auftreten von Schädigern zu einem angeblich unvorhersehbaren Schaden führt. Eine umfassende und einvernehmliche Regelung der Umweltprobleme ist daher auf internationaler Basis nötig. Darin sind örtliche Regelungen einzubauen.

So ist z. B. bei 20000 Seen Skandinaviens der pH-Wert in den sauren Bereich von 4,0 bis 4,8 gesunken, während Werte um 7 neutral und damit normal sind. Durch solche Änderungen wird die Pflanzen- und Tierwelt stark gefährdet oder zerstört, Fische und ihre Brut sterben aus (70% der 1500 Seen Südnorwegens mit einem pH-Wert unter 4,3 enthalten keine Fische mehr; FAZ Nr. 132, S. 29, vom 10. 6. 1981). Solche sauren Regen treten weltweit, auch auf Hawaii und in der Antarktis auf (pH 4,5 bis 5). Die weltweite Industrialisierung wird damit zu einer Bedrohung des Lebens auf der Erde. Es reicht daher nicht mehr aus, die „voraussichtlichen Veränderungen der Bevölkerung, der natürlichen Ressourcen und der Umwelt auf der Erde bis zum Ende dieses Jahrhunderts" (oder auch längerfristig), wie in „Global 2000, Der Bericht an den Präsidenten", zusammenzustellen. Weitschauende, verantwortungsbewußte und soziale Politiker müssen sich weltweit einigen und Gegenmaßnahmen gegen den uferlos erscheinenden Raubbau der Erde ergreifen. Solange nichts oder zu wenig geschieht, werden die Probleme letztendlich nur noch größer. Um dies nachzuweisen, sind immer wieder Rechenschaftsberichte und ökologische Bilanzen (*German* 1977a) zu fordern.

Weitere, weniger gravierende Folgen unserer Zivilisation für die Lufthülle sind z. B. die in Lee von Großstädten (z. B. Stuttgart) als Folge der Luftturbulenz häufiger auftretenden Gewitter und die aus der Luftfahrt bekannte Wolkenlücke über Großstädten (durch Erhitzen aufsteigende Luft und Auflösung der Wolken infolge größerer Rückstrahlung durch die Bebauung). Nach diesen eher punktuellen Änderungen kann mit guten Gründen vermutet werden, daß größerflächige Veränderungen der Landoberfläche (z. B. Entwaldung ganzer Landstriche, wie in Mitteleuropa langfristig seit dem Mittelalter oder heute kurzfristig im Amazonasbecken) klimatische Auswirkungen für die ganze Erde durch den Luftkreislauf mit sich bringen. Daß auch von den Meeren Auswirkungen auf die Lufthülle ausgehen, zeigt die Bedeutung des Azorenhochs für das Wetter in Europa und Nordafrika (Sahelzone) und die neu erkannten Wärmeschlote über den tropischen Meeren (Energietransport).

Das Klima der Erde hat sich sowohl im Eiszeitalter in großem Ausmaß (Abb. 32) als auch da-

Abb. 32: *Schematische Darstellung der Klimaentwicklung im Spät- und Postglazial für die letzten 17 000 Jahre*

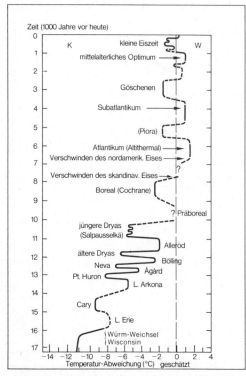

Die angegebenen Temperaturen sind die für Mitteleuropa geschätzten Abweichungen der Jahresmitteltemperatur vom heutigen Wert (= 0).

H. Flohn: Stehen wir vor einer Klima-Katastrophe? In: Umschau in Wissenschaft und Technik, 1977, S. 562. Frankfurt: Umschau Verlag

nach in geringerem Maße bis zur Gegenwart immer wieder verändert (*Duphorn* 1976). Es ist daher schwer, antropogen verursachte Einflüsse von natürlichen *Klimaänderungen* zu unterscheiden (Ursachen). Sind z. B. die Dürrejahre in der Sahelzone Nordafrikas eine „natürliche" oder eine vom Menschen verursachte Wirkung (z. B. als Folge von Raubbau, Überweidung, der Änderung der Albedo, der Luftzirkulation infolge Entwaldung oder Aufheizung der Lufthülle irgendwo auf der Erdoberfläche)?
Einen gewissen Anhalt für die Größenordnung möglicher Auswirkungen der Klimaänderungen bietet die Temperaturabsenkung in der letzten, der Würm-Eiszeit. Sie betrug bis 10°C (Abb. 32). Dabei sind, wie wir heute zuverlässig wissen, die Klimazonen auf der ganzen Erdoberfläche erheblich verschoben gewesen. In Europa lag beispielsweise die nördliche Waldgrenze im Mittelmeerraum. Wegen der vielfältigen und sehr komplexen Beziehungen der Lufthülle zum Wasser (Reflexion, Eisbedeckung, Verdunstung usw.) und zur Festlandoberfläche (Niederschlag, Winde, Einstrahlung, Verwitterung usw.) ist es kaum möglich, die Auswirkungen von bewußten oder unbewußten Änderungen vorauszusagen. Nachdem die jährlichen Abweichungen des Wetters (trockene bzw. nasse Jahre, kalte bzw. warme Winter) uns immer wieder in Erstaunen versetzen, obwohl diese im Rahmen des Natürlichen liegen, werden verantwortungsbewußte Menschen gezielte große Veränderungen unterlassen, die sich auf Lufthülle und Klima, ja die ganze Natur auswirken können. Die Probleme, welche die Menschheit bisher durch Eingriffe in den Naturhaushalt verursacht hat, sind groß genug, und deren Lösung beansprucht alle unsere Kräfte, um die Schäden wieder zu beheben. Wir brauchen daher keine neuen Experimente. Der globale jährliche Umsatz an Gasen in der gesamten Lufthülle, besonders von Sauerstoff (Abb. 33) verdeutlicht, daß auch relativ kleine Eingriffe bzw. einzelne chemische Elemente oder Verbindungen (z. B. C, N) beachtliche Auswirkungen auf das Klima bzw. auf einzelne Schichten der Lufthülle haben können. Der weltweite Umsatz der Gase und die durch Kraftwerke *aller* Art verursachte Temperaturerhöhung sorgen für rasche Verbreitung (vgl. Atombombenversuche). Wir müssen daher unsere Wirtschaftspolitik mit der Wachstumseuphorie, besonders in der Energiepolitik, schnell einer gründlichen Revision unterziehen, wenn wir kein unvertretbar großes Risiko wegen weltweiter Klimaveränderungen eingehen wollen (*Flohn* 1977, 1979). Selbst wenn vielleicht die seit Mitte dieses Jahrhunderts festgestellte natürliche Temperaturverminderung (*Flohn* 1977) von der künstlichen anthropogenen Temperaturerhöhung kompensiert werden könnte, dürfen wir nicht vergessen, daß sich die Verhältnisse auch einmal umkehren können. Doch was tun, wenn die selbstgemachte Temperaturerhöhung mit einer natürlichen zusammenfällt? Die Erde ist ein so gut funktionie-

Abb. 33: *Jährlicher Umsatz bzw. Verbrauch von Luftsauerstoff auf der Erde*

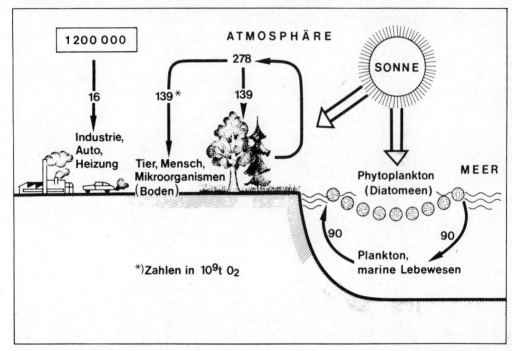

Von der photosynthetischen Brutto-Sauerstoffproduktion der Festlandspflanzen ($2,78 \times 10^{11}$ t) sind $1,39 \times 10^{11}$ t für die pflanzliche Atmung abzuziehen, so daß für die übrigen Organismen nur die Netto-Produktion von molekularem Sauerstoff ($1,39 \times 10^{11}$ t) zur Verfügung steht. Diese Sauerstoffmenge wird wesentlich von den Bodenmikroorganismen veratmet. Die Netto-Sauerstoffproduktion wurde aus neueren Abschätzungen der jährlich gebildeten pflanzlichen Trockensubstanz ermittelt (primäre Nettoproduktion, überschlägige Summenformel $C_6H_{11}O_5$). Daraus wurde die Bruttoproduktion an Pflanzensubstanz bzw. Sauerstoff berechnet, wobei diese als doppelt so hoch wie die Nettoproduktion veranschlagt wurde. Die Angaben zum in sich geschlossenen Meereskreislauf sind überschlägige Schätzungen, die auf Trockensubstanzbildung und ausgeschiedenen Photosyntheseprodukten durch planktische Algen und solche der Litoralzone beruhen. Die O_2-Produktion ist hier eine Netto-Angabe. Umrahmte Zahl: Sauerstoffmasse der Atmosphäre.

P. Böger: Wird der Sauerstoff knapp? In: Umschau in Wissenschaft und Technik, 1977, S. 247. Frankfurt: Umschau Verlag

rendes natürliches Ökosystem, daß es einer Art russischem Roulett gleicht, in dieses System einzugreifen. Da ein Eingriff alle Menschen treffen würde, ist dies sozial nicht vertretbar.

Bei einer Veränderung der Lufthülle bzw. der Klimazonen würden sich die Böden nicht mitverlagern (lange Bildungszeit). Entgegen einer weitverbreiteten Vorstellung ist ein Großteil der Landoberfläche nicht für die Nahrungsmittelgewinnung im großen geeignet (z. B. *Weischet* 1977). Eine Klimaveränderung würde damit unsere Probleme der Nahrungsversorgung nur noch vergrößern. Örtliche Verbesserungen der Luft sind durch richtige Planung (→ Kap. 8) möglich. Indikatoren für die Reinheit der Luft sind Flechten und Borke sowie die Nadeln der Kiefer. Für die Sauerstofferzeugung ist der Wald sehr wichtig, da er das 3–10fache landwirtschaftlicher Kulturen erzeugt (→ Kap. 5).

20 Das Meer und seine Nutzung

Obwohl Hochseeschiffahrt und Nahrungsmittelgewinnung aus dem Meer (Wal- und Fischfang) schon lange üblich sind, wurde es erst in den letzten Jahrzehnten enger in die Überlegungen der wirtschaftenden Menschheit als Rohstoffquelle einbezogen. Durch die zunehmende Erforschung von Meeresströmungen, untermeerischem Relief, Bodenschätzen usw. (z. B. Forschungsschiff „Meteor") und dem enger werdenden Raum auf den Kontinenten wurde die wirtschaftliche Bedeutung der Ozeane erkannt. Auch das Meer sollte, ähnlich wie der Erdboden, genutzt werden. Die schier unermeßlichen Flächen der Weltmeere und erst recht deren Volumen schienen seine industrielle Nutzung problemlos zu ermöglichen. Erst Unglücksfälle von Öltankern haben dann die Menschheit auf die zunehmende Schädigung der Meere und des Lebens durch deren Verschmutzung aufmerksam gemacht. Die wichtigsten Gefahren, die sich ökologisch auswirken, drohen von folgenden Nutzungen (Schäden in Klammern):

- Auflandung bzw. Eindeichung im Schelfbereich, wie z. B. an der Westküste Schleswig-Holsteins (Reduzieren der u. a. für die dort lebende und für die durchziehende Vogelwelt lebenswichtigen Wattflächen bzw. Flachwasserbereiche; Einschränkung des Lebensbereichs).
- Einleitung kommunaler Abwässer, welche über Flüsse aus den Siedlungsräumen ins Meer geleitet werden. Dabei bestehen trotz Kläranlagen noch hohe Schmutzbelastungen durch Anlanden fester Abfälle, da z. B. die mechanische Stufe der Kläranlagen nur etwa 80 % der festen Stoffe erfaßt. Außerdem ist die Schmutzbelastung durch gelöste Stoffe bei fehlender 2. und 3. Stufe groß (Umweltverschmutzung, Störung des Ökosystems).
- Einleitung industrieller Abwässer z. B. aus Salzbergwerken im Elsaß und aus der DDR über Rhein und Werra oder aus Betrieben mit Schwermetallabfällen, wie z. B. Quecksilber und Cadmium. In Japan kommen die von der Industrie ins Meer abgelassenen Schadstoffe durch Fische, Muscheln usw. auf kurzem Wege an die Bevölkerung zurück (Minamata- bzw. Itai-Itai-Krankheit). Abhilfe ist durch Werkskläranlagen möglich. (Örtliche Vernichtung der Biosphäre durch Gifte und Anreicherung der Gifte in Organismen, z. B. Quecksilber im Thunfisch aus Japan. Quecksilberhaltige Pflanzenschutzgifte aus Schweden sind an der Ostsee im Gefieder der Trottellumme, DDT ist im Fleisch von Pinguinen der Antarktis feststellbar.)
- Ablassen von Abwässern aus Schiffen, dem sog. „Bilgewasser". Dadurch kommen jährlich etwa 5–10 Mill. l Öl ins Meer (Behinderung der Wechselbeziehung Wasser-Luft, wie z. B. Verdunstung und des für Organismen wichtigen Gasaustausches; Vergiftungserscheinungen an Organismen).
- Verklappen konzentrierter giftiger technischer Abfälle, wie Restlauge und Rotschlamm ins offene Meer, wie z. B. in Nordsee und Atlantik (regionale Vernichtung oder Vergiftung der Organismen bzw. als Folgeschäden evtl. Anreicherung von Schadstoffen (Hg, Cd) in der Nahrungskette, vgl. DDT bei Fischen und Seevögeln).
- Ablagerung fester Stoffe im Meer, z. B. alte Autoreifen an der Küste der USA, einbetonierte radioaktive Stoffe in der Tiefsee des Atlantiks und Pazifiks (Schäden s. u.).
- Tankerunfälle, Ölteppiche (z. B. Strandverschmutzung, regionales Vernichten oder Vergiften der Tierwelt auch unter der Wasseroberfläche u. a. mittels der Bindemittel für Öl, Absterben der Tierwelt; starke Störung des Ökosystems; zur Verschmutzung der Ozeane s. Abb. 34 und 35 sowie Tab. 25).
- Abbau von Bodenschätzen, z. B. Kies in der Nordsee, geplanter Abbau von Mangan in der Tiefsee; *Schneider* 1977, *German* 1979a. (Aufwühlen der Bodensedimente in der Tiefsee und damit Schädigung bzw. Vernichtung der Biosphäre mit reicher Fauna, vgl. Fahrten des Forschungsschiffes Meteor. Nach *Schneider* (1977) sollen technische Neuentwicklungen vorliegen, womit die Abtrennung des Fördergutes bereits am Meeresboden vorgenommen werden kann. Trotzdem ist zumindest im Abbaugebiet und seiner Umgebung die Biosphäre durch die aufgewühlten Sedimente zerstört; Meeresströmungen.)
- Verbreitung von Schädlingen durch Seeverkehr, z. B. Infektion von Korallen durch eine Alge (Vernichtung ganzer Kolonien, Zerstörung des Riffs).
- Verbreitung radioaktiver Stoffe nach Unfällen durch Luft oder durch Flüsse (Verbreitung zusätzlicher Radioaktivität und ggf. Anreicherung in Nahrungsketten; Auswirkungen auf Erbgut; *Marquardt* 1976). Seit

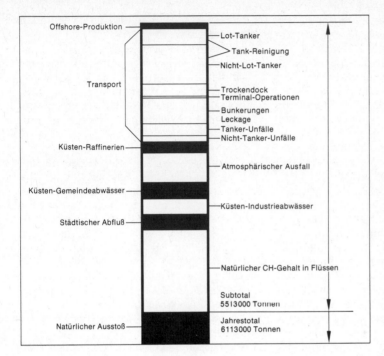

Abb. 34: Ursachen der Meeresverschmutzung durch Kohlenwasserstoffe

Lot = Load on Top = spezielle Form des Transportes von Ballastwasser in Tankern

H.-G. Gierloff-Emden, A. Guilcher: Ölkatastrophen durch Tankerunfälle. In: Umschau in Wissenschaft und Technik, 1978, S. 471. Frankfurt: Umschau Verlag

Tab. 25: Verschmutzung der Ozeane durch Öl. Verschmutzungsquelle und Menge (LOT = Load on Top = spezielle Form des Transportes von Ballastwasser in Tankern). Menge in 1000 t bzw. in %

Herkunft	Ölindustrie		Nicht-Ölindustrie	
	Schiffe	andere	Schiffe	andere
Tanker ohne LOT	750 (29,6 %)		500 (19,8 %)	450 (17,8 %)
Andere Schiffe				
Verluste an Land				
Raffinerien		300 (11,9 %)		
Tanker mit LOT	250 (9,9 %)			
Tankerunfälle	120 (4,7 %)			
Offshore-Bohrungen		100 (3,9 %)		
Offshore-Unfälle		30 (1,2 %)		
Andere Schiffe (Unfälle)			20 (0,8 %)	
Umladeverluste	10 (0,4 %)			
Total	1130 (44,6 %)	430 (17,0 %)	520 (20,6 %)	450 (17,8 %)
	1560 (61,6 %)		970 (38,4 %)	
Gesamte Verschmutzung der Meere:	2,53 Millionen Tonnen Öl			

H.-G. Gierloff-Emden, A. Guilcher: Ölkatastrophen durch Tankerunfälle. In: Umschau in Wissenschaft und Technik, 1978, S. 470. Frankfurt: Umschau Verlag

Abb. 35: *Transportkette von Tankern auf dem Seeweg vom Persischen Golf*

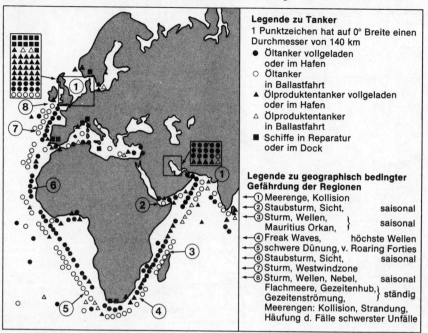

H.-G. Gierloff-Emden, A. Guilcher: Ölkatastrophen durch Tankerunfälle. In: Umschau in Wissenschaft und Technik, 1978, S. 469. Frankfurt: Umschau Verlag

1962 werden einbetonierte radioaktive Abfälle im Pazifik und Atlantik abgelagert. Seither haben sich in den umgebenden Sedimenten Aktivitäten von Plutonium und Caesium bis zum 25- bzw. 70fachen des allgemeinen Niveaus ergeben, welches aber bereits durch die Atombombenversuche überhöht ist. Seit 1967 wurden im Nordostatlantik 6800 t schwach radioaktive Abfälle aus Europa in 13 000 Fässern versenkt. Die Unterschätzung radioaktiver Verseuchung bewies die 1971 erlaubte Wiederbesiedlung der Insel Bikini (Atombombenversuche in den 50er Jahren). Ungewöhnlich hohe Mengen radioaktiver Stoffe zeigen, daß diese doch stärker als vermutet in den Naturkreislauf gelangt sind, obwohl alle stark bestrahlten Stoffe und der oberste Boden vor der Wiederbesiedlung entfernt wurden.
Manche dieser Schäden besitzen bisher nur lokale Bedeutung. Bedingt durch weltweite Industrialisierung und weitere solche Bestrebungen besteht jedoch die Gefahr, daß sich die Schäden vervielfachen und die Meere sich zur weltweiten Mülldeponie entwickeln. Dies bedingt große ökologische und damit letztendlich auch wirtschaftliche Gefahren, die sich auch auf dem Festland auswirken.
Viele Beziehungen der Tierwelt – insbesondere im Wasser – beruhen auf minimalen Spuren von Geruchsstoffen. Durch Einleitung von Abfällen aller Art und durch Meeresbergbau besteht jedoch die Gefahr, daß diese Beziehungen zerstört werden und daß das Leben dieser Organismen ernsthaft gefährdet wird. Nachdem es in der Kriminalistik heute möglich ist, minimale Spuren von Giften nachträglich nachzuweisen (*Ziegelmann* 1979), dürfen wir Schäden durch laufende Verunreinigungen unserer Umwelt nicht fortgesetzt bagatellisieren. Durch Summenwirkung, ggf. im Verlauf langer Zeiten, und durch Überlagerung mehrerer Produkte können schwere Schäden entstehen.
Durch Meeresströmungen (vgl. Expedition *Th. Heyerdahls*) und (jahreszeitliche) Wanderbewegungen der Tiere können diese Schäden schnell und weltweit verbreitet werden. Wir müssen daher rechtzeitig Vorsorge

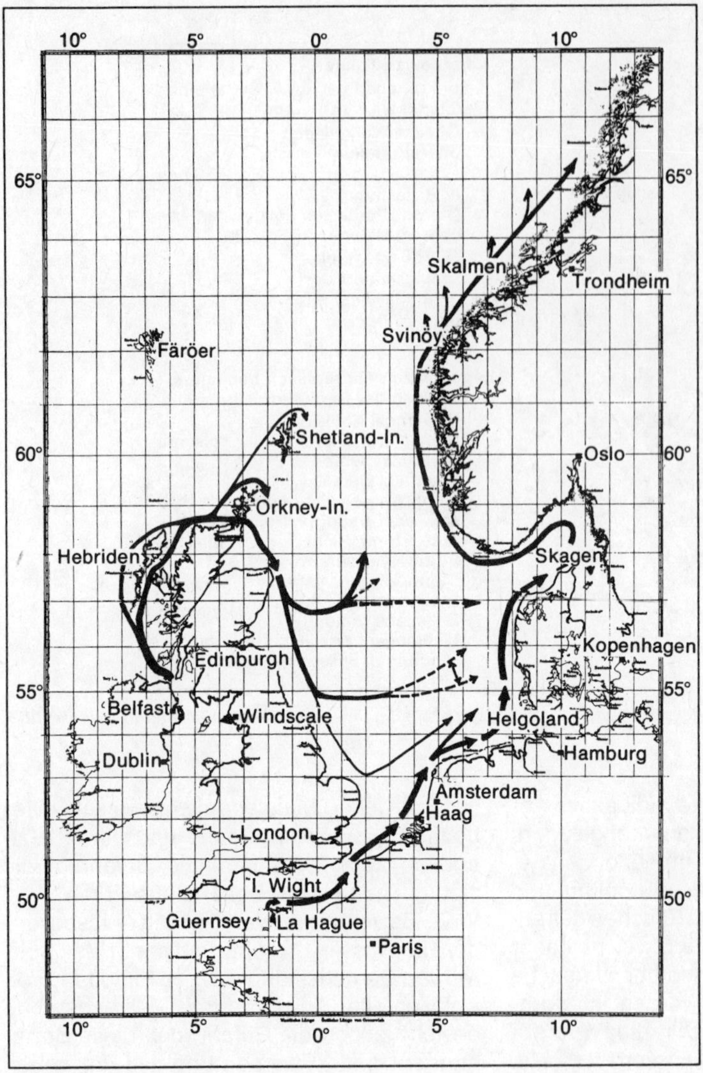

Abb. 36: *Strömungen in der Nordsee*

Die gestrichelten Pfeile zeigen variable Transportrichtungen an. Die Transportwege wurden anhand von Cäsium 137 gewonnen, welches aus den radioaktiven Abwässern verschiedener Wiederaufarbeitungsanlagen für atomare Brennstoffe in Frankreich und England in den Jahren 1971 bis 1976 ins Meer gelangte.

H. Kautsky: Strömungen in der Nordsee. In: Umschau in Wissenschaft und Technik, 1977, S. 673. Frankfurt: Umschau Verlag

treffen, damit die Probleme, die wir z.B. bei der Verschmutzung der Fließgewässer (→ Kap. 17) verursacht haben, sich nicht bei den Meeren wiederholen. Die gegenwärtigen rechtlichen Regelungen zur Sicherung des Lebens im Meer oder die internationale Konferenz über die Nutzung der Ozeanböden erscheinen zur Zeit ökologisch noch sehr fragwürdig. Die politische Dominanz der Wirtschaftspolitik, die geringen Möglichkeiten, auf dem Meer Verursacher von Schäden festzustellen und dann auch noch zur Rechenschaft zu ziehen, lassen wenig Hoffnung aufkommen, daß die Meere vor größeren Schäden bewahrt bleiben.

Welche Bedeutung haben die Weltmeere für den Naturkreislauf und damit für das Leben?
1. Die verschiedenen Ozeane und auch ihre Rand- und Nebenmeere sind durch *Meeresströmungen* in teilweise unregelmäßigem Rhythmus miteinander verbunden (Nordsee s. Abb. 36). Solche Strömungen wirken nicht nur horizontal, sondern auch vertikal. Das bedeutet, daß auch die Tiefsee in den ozeanischen *Wasserkreislauf* einbezogen ist (Abb. 37). Abfälle, welche wir absichtlich oder unabsicht-

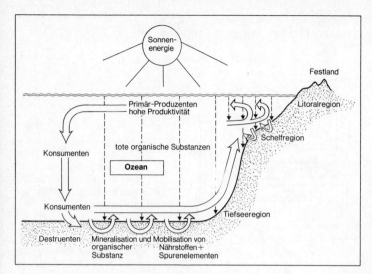

Abb. 37: Der Stoffkreislauf im Ozean

Auf die Darstellung der geologischen Vorgänge wurde verzichtet.

J. Schneider: Manganknollen – Rohstoffquelle und Umweltproblem für die Zukunft. In: Umschau in Wissenschaft und Technik, 1975, S. 725. Frankfurt: Umschau Verlag

lich dort einleiten oder abladen, und industrieller Fischfang können Schäden am Ökosystem verursachen und ihre Spuren in wenigen Jahren überall auf dem Meer und an seinen Ufern hinterlassen (Strandverschmutzung, z. B. durch Öl; sauerstoffarme Becken, z. B. in der Ostsee).

2. Die *Auftriebsgebiete* kalten Tiefenwassers, z. B. an der Westseite der Südkontinente, enthalten reiches planktonisches Tierleben und Sauerstoff. Diese Bereiche sind als Angelpunkte für die Ernährung der Fische (Beispiel für eine Nahrungskette s. Abb. 38) und damit auch der Menschheit wichtig. Die Störung (Vernichtung bzw. Raubfang) eines Gliedes der Nahrungskette kann zu ihrem Zusammenbruch führen. Schließlich ist das Meer durch seinen weitverzweigten Kreislauf für die Erhaltung des Lebens auf der Erde bedeutungsvoll, so wie es im Laufe der Erdgeschichte auch zur Entstehung und Verbreitung des Lebens geführt hat.

3. Die tropischen Meere sind die *Motoren der Wärmezirkulation* auf der Erde. Sie nehmen besonders viel Energie von der Sonne auf (weitgehend senkrechtes Einfallen der Son-

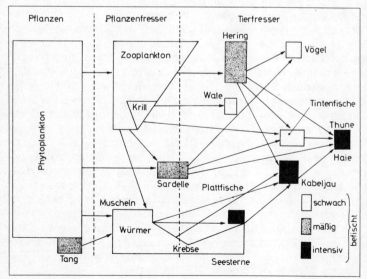

Abb. 38: Nahrungsketten aus dem Meer

Die jährlich aufgebauten etwa 500 Mrd. Tonnen Phytoplankton führen zum Endglied Fisch, welches mit etwa 50 Mill. Tonnen zu veranschlagen ist. Das entspricht einem Nutzungsverhältnis von 1:10 000. Es ist günstiger, ein Endglied zur Nahrungsgewinnung zu verwenden, weil dadurch andere Glieder nicht betroffen werden.

S. Winkler: Einführung in die Pflanzenökologie. 2. Aufl. UTB 169. Stuttgart: Fischer 1980, S. 14

Abb. 39: Schematische Darstellung des Systems Ozean–Atmosphäre und einiger physikalischen Größen, die sein Verhalten beeinflussen

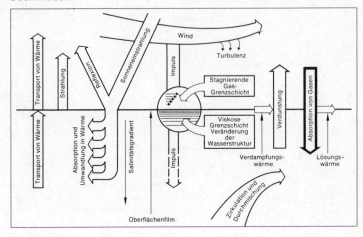

Dargestellt sind vor allem Prozesse, die durch Oberflächenfilme beeinflußt werden können. Der Gasaustausch wurde schraffiert hervorgehoben.

Umschau-Nachrichten: „Slicks" bremsen CO_2. In: Umschau in Wissenschaft und Technik, 1978, S. 382. Frankfurt: Umschau Verlag

nenstrahlen zwischen den Wendekreisen) und geben diese durch Meeresströmungen und über Luftströmungen (Verdunstung, Wärmetransport) an die nördlichen Breiten (mit geringerer Einstrahlung) ab. Die hohe spezifische Wärme des Wassers bewirkt, daß diese Wärmeabgabe der Ozeane rund das Doppelte derjenigen vergleichbarer Festlandsfläche ist (Wechselwirkung Ozean-Luftschicht, Abb. 39).

Damit wird deutlich: Jede Störung dieses dreidimensionalen Kreislaufs der Ozeane und seines ökologischen Gleichgewichts (Öl-Verdunstung, Gifte, Biosphäre, Abbau von Rohstoffen) hat weltweit und schnell Auswirkungen auf alle anderen Kreisläufe auf der Erde (Luftkreislauf, Niederschlag, Kreislauf der Gesteine usw.). Jeder Eingriff – sofern wirklich unumgänglich – muß daher schonend und in *kleinsten* Dimensionen erfolgen. Insbesondere darf er nicht an vielen Stellen der Erdoberfläche oder des Meeresbodens bzw. durch viele Staaten gleichzeitig oder kurz hintereinander erfolgen. Durch eine solche Summenwirkung sind plötzliche katastrophale Auswirkungen nicht auszuschließen. Eine wesentliche Bedingung, Schäden zu verhüten, ist allerdings die Verhinderung der schrankenlosen Vermarktung der Naturgüter, also des Raubbaus. Hier gilt es, ökologisch griffige Regeln für eine die Natur schonende Weltwirtschaft zu finden, ehe die Schwierigkeiten zu groß werden oder gar die Katastrophe beginnt. Die Verantwortung für eine ökologische Nutzung der Weltmeere wie der Erdoberfläche liegt bei jedem einzelnen, besonders aber bei Wirtschaftsführern und bei den Regierenden.

21 Ökologische Leitsätze

21.1 Das „Ökologische Manifest"

Im Jahre 1972 trat eine Gruppe ökologisch arbeitender Wissenschaftler an die Öffentlichkeit und publizierte das „Ökologische Manifest 1973" (Tab. 26). Dieser Aufruf und die ihm zugrunde liegenden Sorgen haben auch heute noch nichts von ihrer Aktualität verloren. Dieses Manifest gilt unverändert weiter, zumal die damals angeschnittenen Probleme bisher in noch viel zu geringem Ausmaß von der Politik angefaßt und zu lösen versucht wurden. Damit die Menschheit zukünftig gesünder und von vermeidbaren zivilisatorischen Belastungen freier leben kann und damit die vom Club of Rome (*Meadows u.a.* 1972) skizzierten Katastrophen nicht eintreten, müssen die Grundsätze des „Ökologischen Manifests" Grundlage unseres Lebens und damit auch einer humanen und ökologisch orientierten Politik werden (vgl. *Fetscher* 1976, *Gruhl* 1975).

Tab. 26: Ökologisches Manifest

Der Mensch ist ein Teil der Natur, von der er lebt. Der Mensch kann nicht gegen die Natur leben, er muß sich ihr anpassen, wie alle anderen Lebewesen auch.

Der Mensch kann sich allerdings als einziges Lebewesen selber ausrotten – und zwar durch seine massenhafte Vermehrung.

Die Schätze der Erde haben ihre Grenze erreicht, der Tag ist abzusehen, an dem der Erdboden die Menschen nicht mehr ernähren kann, die Rohstoffe zu Ende gehen und die Fruchtbarkeit des Bodens nachläßt. Die Natur läßt sich nicht vergewaltigen.

Wer die Überbevölkerung weiterhin fördert, bringt uns dem gemeinsamen Selbstmord näher. Hunger, Elend, Haß und Gewalt sind die Folgen der Überbevölkerung. Massenvermehrung erzeugt Massenelend und oft genug Massenvernichtung! Fortschritt und Technologie sind nicht mächtig genug, dies abzuwenden.

Wenn wir uns retten wollen, dann müssen wir die Natur für den Menschen vor dem Menschen schützen. In Sorge um die allernächste Zukunft hält es die Gruppe Ökologie daher für nötig, daß überall auf der Welt Überlebensstrategien entwickelt werden, nach denen das Bevölkerungswachstum rasch und weltweit eingedämmt wird.

Auch der Ideologie, daß nur das wirtschaftliche Wachstum die Zukunft sichere, muß ein Ende bereitet werden. Die ökonomischen Ziele des Menschen müssen sich nach den Grenzen der Natur richten.

Diese Grenzen benennt uns die Ökologie, die umfassende Wissenschaft vom Zusammenwirken aller Erscheinungen der Natur einschließlich des Menschen. Die ökologischen Erkenntnisse können lebensrettend sein.

Die Gruppe Ökologie stellt fest: Auch in unserem Land besteht die Gefahr, daß wir in unseren eigenen Abfällen ersticken. Das wirtschaftliche Ziel der nächsten Zukunft darf deshalb nicht die hemmungslose weitere Ausbreitung industrieller Anlagen sein, sondern ein Notprogramm, das die vorhandene Industrie daran hindert, die Lebensbedingungen in unserem Lande weiter zu verschlechtern. Die Gruppe Ökologie anerkennt, daß der Mensch nicht mehr existieren kann ohne die industrielle Technisierung; sie stellt aber auch fest, daß diese Industrialisierung kein Selbstzweck sein darf, sondern sich an den Gegebenheiten der Natur orientieren muß. Eine Wirtschaftspolitik, die um höherer Umsätze willen das Land zerstört, in dem ihre Verbraucher leben, ist kurzsichtig. Für die betroffenen Menschen ist es gleichgültig, unter welchem Gesellschaftssystem dies geschieht.

Das vorrangige Ziel einer ökologischen Überlebensstrategie ist die Erhaltung und Wiederherstellung gesunder, funktionsfähiger Landschaften, in denen sich der Mensch wohl fühlt. Je gesünder eine solche Landschaft ist, um so mehr Pflanzen- und Tierarten leben dort. Solch ausgewogene, natürliche Erholungslandschaften können durchaus vom Menschen genützt werden. Zu warnen ist jedoch vor dem Raubbau an unseren Landschaften durch die fabrikähnliche Land- und Forstwirtschaft, die maximale Erträge erzielen will. Das führt zwangsläufig zu veröldeten, monotonen Landschaften, weil der höchste Ertrag nur durch vollständige Technisierung und die größtmögliche Verwendung von hochwirksamen Chemikalien möglich ist.

Das Ergebnis sind riesige Landschaftsteile, die nur von einer einzigen Pflanzenart (zum Beispiel von Fichten) bewachsen sind.

In solchen Landschaften werden alle diejenigen Pflanzen und Tiere ausgerottet, die nicht der Produktion der erwünschten Pflanzen dienen. Das ökologische Gleichgewicht der Natur wird damit unstabil, von Jahr zu Jahr müssen mehr Gifte zur Pflege der Monokulturen verwendet werden. In solchen langweiligen, unästhetischen Landschaften kann sich der Mensch sowenig erholen wie in den Industriegegenden.

Die Gruppe Ökologie fordert daher, daß keine Steuergelder mehr für die Umwandlung gesunder Kulturlandschaften in solche Pflanzenfabriken ausgegeben werden. Selbst wenn dann ganze Behörden aufgelöst werden müssen.

Die Gesellschaft muß sich entscheiden, ob sie eine Umwelt haben will, in der es eine Freude ist, zu leben, oder ob die Landschaft weiterhin falschen Wirtschaftszielen, bürokratischem Selbstzweck und den Interessen einzelner geopfert werden soll. Gesunde Landschaften kosten allerdings Geld – ein Bauer, der an die Landschaftspflege denken soll, statt an seinen Gewinn, muß dafür von der Gesellschaft entschädigt werden. Diese Ausgaben sind jedoch zwingend, wenn unser Land lebenswert bleiben soll. Subventionen für die Gesundheit der Landschaft nützen ausnahmslos der Gesundheit aller Mitbürger.

Die Gruppe Ökologie warnt auch vor den noch nicht absehbaren Folgen der Rückstände chemischer Stoffe im Boden, im Wasser, in der Luft und in den Körpern aller Lebewesen. Überall reichern sich die Rückstände von Pflanzen- und Insektengiften der Land- und Forstwirtschaft an. Dazu gefährden die Rückstände von Arzneimitteln aus der völlig unbiologischen Massenhaltung gequälter Nutztiere. Der Mensch lebt heute schon von oft qualitativ minderwertiger und chemisch verunreinigter Nahrung.

Die Gruppe Ökologie unterstützt alle Bestrebungen des technischen Umweltschutzes zur Reinhaltung von Wasser und Luft, zur Lärmvermeidung und zum Kampf gegen gesundheitsgefährdende Gifte. Sie will den Zeitgenossen darüber hinaus bewußtmachen, daß diese Gefahren nur die Folgen des menschlichen Raubbaues an unseren natürlichen Hilfsquellen sind. Chaotische Entwicklungen müssen überall durch ökologisch sinnvolle Pläne für die Zukunft ersetzt werden. Die Gruppe Ökologie sucht deshalb die offensive Auseinandersetzung mit einer Gesellschaft, die allzuoft nur den Profit im Herzen und den Umweltschutz nur auf den Lippen trägt.

Gruppe Ökologie
Sprecher: Prof. Dr. Dr. Konrad Lorenz, Direktor am Max-Planck-Institut für Verhaltensphysiologie, 8131 Seewiesen.
Geschäftsstelle: Hubert Weinzierl, 807 Ingolstadt, Parkstraße 6

Ökologisches Manifest der Gruppe Ökologie. In: Garten und Landschaft, 1972, H. 11, S. 486. München: Callwey

21.2 Merksätze für naturschutzgemäße Landschaftserhaltung bzw. -gestaltung

1. *Erhalt möglichst großer und geschlossener Flächen als Naturschutzgebiete ohne (Intensiv-)Nutzung*
Gefahr: Aussterben von Pflanzen und Tieren, welche für die Stabilität des Naturhaushaltes notwendig sind
Ziel: Reservate für wildwachsende Pflanzen- und freilebende Tierwelt (Genbanken)
Weg: Unterschutzstellen aller Biotope und sonstigen ökologischen Freiflächen, möglichst großflächige Grundstücke für Naturschutzzwecke aufkaufen

2. *Erhalt der noch vorhandenen Feuchtgebiete*
Gefahr: Austrocknung, Staubstürme, beschleunigter Wasserabfluß, Hochwasser
Ziel: Nahrungsquellen für die freilebende Vogelwelt und Verzögern des Abflusses der Niederschläge, Biotopschutz
Weg: Verbot weiterer Entwässerungsmaßnahmen, Aufhebung der staatlichen Subventionen für die Zerstörung, Aufkauf durch Staat, Gemeinde oder Vereine für Naturschutzzwecke

3. *Erhalt natürlicher Wasserläufe einschließlich der Ufervegetation*
Gefahr: Extreme Hochwasser bei Begradigung und fehlendem Auwald bzw. mangelhafter Ufergestaltung und -vegetation
Ziel: Normaler Wasserabfluß mit natürlichem Gefälle und landschaftsüblichen Flußschlingen in einem Auwald bzw. mit standortgerechter Ufervegetation zumindest in den Ober- und Mittelläufen der Fließgewässer
Weg: Kein kulturtechnischer Gewässerausbau in freier Landschaft, sondern natürlicher Gewässerlauf zwischen ggf. stark zurückgesetzten Dämmen, standortgerechte Bepflanzung der beidseitigen Ufer als Ufer- und Hochwasserschutz

4. *Funktionsgerechte Nutzung der Landschaftsteile*
Gefahr: Landschaftsschäden bei falscher Nutzung (z.B. Äcker in Talauen), Verlust wichtiger landwirtschaftlicher Vorrangflächen bzw. Zerstörung wichtiger ökologischer Freiflächen bei Überbauung
Ziel: Nutzung der Landoberfläche nach ihrer natürlichen Eignung
Weg: Kein Zivilisations-Perfektionismus, sondern Beachtung der natürlichen Lebensgrundlagen

5. *Ökologische Nutzung der Landschaft durch den Menschen*
Gefahr: Zunehmende Überbauung und Gefahr der Vergiftung bzw. Anreicherung von Schadstoffen (z.B. durch Überdüngung, zu dichte Besiedlung, zu starke Zerschneidung der Landschaft durch Straßen)
Ziel: Erhalt der nutzbaren Böden und eines gesunden Naturkreislaufs
Weg: In der Landwirtschaft ökologisch unbedenkliche und rasch abbaubare Stoffe verwenden, Landverbrauch für Bauzwecke drastisch senken, Einschränkung des Individualverkehrs, Nutzung der Landoberfläche nach ihrer ökologischen Wertigkeit: gute Böden nutzen, Biotope erhalten, nur unbedenkliche Flächen überbauen

6. *Erhalt bzw. Gestaltung durchgrünter geschlossener Siedlungsräume*
Gefahr: Zersiedlung der Landschaft, Steinwüste mit Lärm-, Hitze- und Frischluftproblemen
Ziel: Geschlossene Siedlungsräume mit Grünzügen als Frischluftschneisen und Feierabenderholungsräume
Weg: Freiflächen erhalten und bei Gelegenheit (Abbruch alter Gebäude) erweitern und zu Schneisen und Ringen vereinigen

7. *Erhalt eines abwechslungsreichen naturnahen Landschaftsbildes*
Gefahr: Verarmung bzw. Verlust der wildwachsenden Pflanzen und freilebenden Tierwelt in der intensiv genutzten Landschaft. Dadurch würde die Pufferwirkung natürlicher Ökosysteme weiter vermindert, d. h., die Gefahren für Naturhaushalt nehmen zu.
Ziel: Erhalt möglichst großer, unzerschnittener und unbesiedelter Flächen mit den natürlichen Landschaftsformen. Standortgemäße Pflanzen- und freilebende Tierwelt sind auch innerhalb der landwirtschaftlich intensiv genutzten Flächen notwendig. Die durch Nutzung hier stark gefährdete Pflanzen- und Tierwelt benötigt wegen der dort verwendeten Gifte andere Lebensräume (z. B. Hecken), der Wanderer schätzt ein abwechslungsreiches Landschaftsbild sowie ein vielfältiges Pflanzen- und Tierleben.
Weg: Möglichst wenig Eingriffe in das natürliche Landschaftsbild, Landschaftspflege zur Verbesserung der anthropogenen Kleinstrukturen (Rekultivierung, Pflanzen)

8. *Erhalt eines gesunden natürlichen Luftkreislaufs*
Gefahr: Veränderungen in Pflanzen- und Tierwelt mit Auswirkungen auf den Menschen durch Aufnahme über die Nahrungsmittel, Klimaänderung mit Erwärmung der Luft, Anstieg des Meeresspiegels und Überflutung der Tiefländer in den Randbereichen, Störung des Luftkreislaufs
Ziel: Noch geringerer Schadstoffausstoß in die Luft, keine weitere Freisetzung von Energie
Weg: Stärkere Ausfilterung der Schadstoffe, ggf. auch unter hohem technischem Aufwand, keine weitere Energiefreisetzung

9. *Schutz der Meere*
Gefahr: Verschmutzung durch Öl (Schiffe), Abwässer (vom Festland), Ablagerungen (Verklappen, Reifendeponien) und Rohstoffgewinnung (Aufwühlen feinkörniger Sedimente zerstört natürlichen Lebensraum)
Ziel: Erhalt des Ökosystems Meer als Nahrungsquelle (z. B. Fische, Krill), Sauerstoffproduzent und Regenerationsraum
Weg: Überwachung der Tankerfahrten, Reinigen der Abwässer vor Einleitung ins Meer, keine Deponie im Meer, nur räumlich eng begrenzter Abbau von Rohstoffen mit weiten Zwischenräumen zulassen, damit sich die Bodenfauna regenerieren kann. Wirksamer Schutz der ozeanischen Lebewesen, notfalls mit Fangverboten (z. B. bei Walen)

10. *Eindämmen des Bevölkerungswachstums*
Gefahr: Ungleichmäßige Versorgung, Hungersnöte, Transportprobleme, zu hohe Bevölkerungsdichte, Umweltverschmutzung
Ziel: Ausreichende Versorgung der Bevölkerung auch in Krisenzeiten
Weg: Möglichst schneller Abbau des Bevölkerungswachstums, regional und zeitlich begrenzt ist auch eine absolute Verringerung der Bevölkerungszahl denkbar, wenn flankierende Maßnahmen für sozialen Frieden sorgen

21.3 Grundsätze zur Nutzung der Landschaft in Stichworten

1. Viel freie Landschaft – weniger Bebauung
2. Geschlossene Bebauung in Siedlungsgebieten – keine Zersiedlung der freien Landschaft
3. Ausbau bestehender Straßen – keine weitere Zerschneidung der freien Landschaft durch Neutrassierungen
4. Landschaftsgemäße Materialentnahme – keine Zerkraterung der Erdoberfläche (Raubbau)
5. Naturnahe Wasserläufe – keine Verdolung, kein kulturtechnischer Ausbau in freier Landschaft
6. Ausreichende Hochwasserflächen in den Talauen freihalten – keine Verbauung bzw. Auffüllung
7. Standortgemäße Bepflanzung der Uferstrecken von Gewässern (ggf. Auwald) – kein Kahlschlag
8. An ökologischen Zielen orientierte Landwirtschaft – sparsamere Verwendung der Düngemittel, keine Biozide
9. Erhalt der Kleinstrukturen in der Landschaft (z. B. Hecken als Vogelschutzgebiete) – kein Ausräumen der freien Landschaft
10. Mehr Laub- und Mischwald – keine widernatürlichen Monokulturen

VI Literaturverzeichnis

*Die mit * versehenen Titel werden als weiterführende Literatur besonders zur Lektüre empfohlen.*

An der Lan, H.: Vergiften wir unsere Umwelt? – Bild der Wissenschaft, 6, H. 11, 1050–1057, Deutsche Verlags-Anstalt, Stuttgart 1969.
Ascheraden, E. v.: Die Überleitung von Altmühl- und Donauwasser in das Regnitz-Main-Gebiet, seine ökonomische und ökologische Bedeutung. – Forum Städte-Hygiene, 28, 118–122, Berlin/Hannover 1977.
Auweck, F. A.: Kartierung von Kleinstrukturen in der Kulturlandschaft. – Natur und Landsch. 53, 84–89, Köln 1978.
Barner, J.: Einführung in die Raumforschung und Landesplanung. – 200 S., 40 Abb., Enke, Stuttgart 1975 a.
Barner, J.: Raumordnung und Landesplanung. – 217 S., Enke, Stuttgart 1975 b.
Biotopkartierung: Landschaftsplanung, Kiesentnahme, Amphibien, Moorfunktion, Naturschutzgebiete, Statistik 1976. – 1. Aufl. – Oldenbourg, München/Wien 1977.
Böttger, M., Hötzl, H. & Krämer, F.: Die landschaftliche Gestaltung von Materialentnahmestellen. 2. Die Standsicherheit von Böschungen in Sand- und Kiesgruben. – Beihefte zu den Veröff. Natursch. Landschaftspfl. Bad.-Württ., 13, 62 S., Karlsruhe 1978.
*Buchwald, K. & Engelhardt, W. (Hrsg.): Handbuch für Planung, Gestaltung und Schutz der Umwelt. BLV Verlagsges., München/Bern/Wien.
Bd. 1: Die Umwelt des Menschen. – 288 S., 1978;
Bd. 2: Die Belastung der Umwelt. – 432 S., 1978;
Bd. 3: Die Bewertung und Planung der Umwelt. – 753 S., 1980;
Bd. 4: Umweltpolitik. – 223 S., 1980.
Bundesministerium für Ernährung, Landwirtschaft und Forsten: Inhalte und Verfahrensweisen der Landschaftsplanung. – 32 S., Bonn 1976.
Bundesminister für Raumordnung, Bauwesen und Städtebau: Städtebauliche Forschung. Landschaftspläne und Grünordnungspläne im Rahmen der Bauleitplanung. – „Städtebaul. Forschung" 03.014, Bundesmin. f. Raumordn. Bauwesen und Städtebau, Bonn-Bad Godesberg 1973.
Carlson, R. L.: Der stumme Frühling. – 356 S., Biederstein, München 1963.
Deutsche Forschungsgemeinschaft: Herbizide. Abschlußbericht zum Schwerpunktprogramm „Verhalten und Nebenwirkungen von Herbiziden im Boden und in Kulturpflanzen". – 181 S., Boldt, Boppard 1979.
Deutscher Rat für Landespflege: Gesteinsabbau im mittelrheinischen Becken. – Schriftenr. d. Deutschen Rates für Landespfl. H. 21, 55 S., Buch- u. Verlagsdruckerei Leipold, Bonn 1973.
Duphorn, K.: Kommt eine neue Eiszeit? – Geol. Rundsch., 65, 845–864, Stuttgart 1976.
Ehmke, W.: Landschaftsökologische Untersuchungen im Verdichtungsraum Stuttgart. – Beih. Veröff. Naturschutz Landschaftspfl. Bad.-Württ., 12, 137 S., Karlsruhe 1978.
*Eichhorst, U. & German, R.: Zerschneidung der Landschaft durch das Straßennetz im Regierungsbezirk Tübingen. – Veröff. Landesst. Natursch. Landschaftspfl. Bad.-Württ., 42, 66–84, Ludwigsburg 1974.
Eichler, H.: Die Fallstudie Emmertsgrund oder von den Ansätzen einer Geographie des Bauens. – Ruperto Carola 56, 185–194, Heidelberg 1975.
Eichler, H.: Planungsfaktor Hitzestreß. Studie zu material- und baukörperbedingten Überhitzungsphänomenen am Beispiel des Bundesdemonstrativbauvorhabens Heidelberg-Emmertsgrund. – Heidelberg. geogr. Arb., 47, 182–216. Selbstverl. Geogr. Inst. Heidelberg 1977.
*Ellenberg, H.: Ökosystemforschung. – 280 S., Springer, Berlin 1973.
Engelhardt, W. v.: Raubbau an den Erzvorräten. – Bild der Wissenschaft, H. 11, 78–84, Stuttgart 1976.
Engelhardt, W. v.: Geowissenschaften und die Zukunft des Menschen. – Geol. Rundsch., 66, 653, Stuttgart 1977.
*Engelhardt, W.: Umweltschutz, Gefährdung und Schutz der natürlichen Umwelt des Menschen. – 192 S., Bayerischer Schulbuchverlag, München 1973.
Erz, W.: Nationalpark Wattenmeer. – 140 S., Parey, Hamburg/Berlin 1972.
Erz, W. (Hrsg.): Das Brachflächenproblem aus der Sicht von Naturschutz und Landschaftspflege. – Jb. Natursch. Landschaftspfl. 22, 112 S., Bonn-Bad Godesberg 1973.
Erz, W. (Hrsg.): Naturschutz aktuell Nr. 3: Katalog der Naturschutzgebiete in der Bundesrepublik Deutschland. – Kilda-Verlag, Greven 1979.
Fetscher, I.: Überlebensbedingungen der Menschheit. Zur Dialektik des Fortschritts. – Konstanzer Universitätsreden Nr. 90, 84 S., Druckerei und Verlagsanstalt Konstanz, Universitätsverlag Konstanz 1976.
Fliri, F.: Probleme der Raumordnung am Beispiel Ti-

rol. – Schriftenr. österr. Inst. Natursch. Landschaftspfl. 3, 101–106, Wien 1970.
Fliri, F.: Mensch und Naturkatastrophen in den Alpen. – Int. Symposium „Interpraevent 1975", 2, 37–49, Innsbruck 1975.
Flohn, H.: Stehen wir vor einer Klima-Katastrophe? – Umschau 77, 561–569, Frankfurt 1977.
Flohn, H.: Eiszeit oder Warmzeit? Fakten und Überlegungen zur Klimaentwicklung. – Naturwiss. 66, 325–330, Berlin 1979.
Förstner, U.: Ursachen und Folgen der Verschmutzung des Neckars. – Die Wasserschutzpolizei im Bundesgebiet, Landesausgabe Baden-Württemberg, 20, 101–108, o. O. 1978.
*Förstner, U. & Müller, G.: Schwermetalle in Flüssen und Seen. – 225 S., 83 Abb., 59 Tab., Springer, Berlin/Heidelberg 1974.
Fritz, G.: Naturpark und Verkehrsnetz. – Natur und Landschaft, 51, 137–139, Köln 1976.
*Gabor, D., Colombo, U., King, A. & Galli, R.: Das Ende der Verschwendung. Zur materiellen Lage der Menschheit. Ein Tatsachenbericht an den Club of Rome. Mit Beiträgen von E. Pestel. – 252 S., Deutsche Verlags-Anstalt, Stuttgart 1976.
German, R.: Taldichte und Flußdichte in Südwestdeutschland. Ein Beitrag zur klimabedingten Oberflächenformung. – Ber. dt. Landeskde., 31, 12–32. Bad Godesberg 1963.
German, R.: Vom Ur-Federsee zum „zukünftigen Federsee". – Veröff. Landesst. Naturschutz Landschaftspflege Bad.-Württ., 37, 227–230. Ludwigsburg 1969.
German, R.: Federseeprobleme. – Veröff. Landesst. Naturschutz Landschaftspflege Bad.-Württ., 40, 203–212, Ludwigsburg 1972.
German, R.: Gesteinsabbau, Auffüllung und Landschaftsgestaltung. – Veröff. Landesst. Naturschutz Landschaftspflege Bad.-Württ., 41, 159–165. Ludwigsburg 1973.
German, R.: Das mittelfristige Programm zum Schutz geologisch wichtiger Naturdenkmale in Baden-Württemberg. – Veröff. Landesst. Naturschutz Landschaftspflege Bad.-Württ., 42, 85–92, Ludwigsburg 1974a.
*German, R.: Erdwissenschaftliche Beiträge zur Naturschutzarbeit in Vergangenheit und Zukunft. – Naturschutz und Naturparke, H. 74, 58–63, Stuttgart 1974b.
*German, R.: Die landschaftliche Gestaltung von Materialentnahmestellen. 1. Beispiele zur geomorphologischen Wiedereingliederung von Steinbrüchen. – Beih. Veröff. Naturschutz Landschaftspflege Bad.-Württ., 8, 1–48, Karlsruhe 1976.
German, R.: Wie stark ist der Naturhaushalt in Baden-Württemberg belastbar? – Jh. Ges. Naturk. Württ., 131, 29–38, Stuttgart 1977a.
German, R.: Probleme von Landschaftspflege und Landesplanung aus wissenschaftlicher Sicht. – Schwäb. Heimat, 28, H. 1, 55–64, Stuttgart 1977b.

*German, R.: Einführung in die Geologie. – 208 S., Klett, Stuttgart 1979a.
German, R.: Bauen und planen wir richtig? Erste Ergebnisse der Landschaftsschadenskartierung. – Veröff. Naturschutz Landschaftspflege Bad.-Württ., 49/50, 137–144, Karlsruhe 1979b.
German, R.: Naturschutz und Karstforschung auf der Schwäbischen Alb. – Karst und Höhle, 1978/79, 17–21, München 1979c.
German, R.: Probleme bei der Zusammenarbeit von Naturschutz und Flurbereinigung. – Jb. Natursch. Landschaftspfl. 29, 97–104, Greven 1979d.
German, R.: Der Landschaftsverbrauch hat Grenzen. – Schwäbische Heimat, H. 2, 79–86. Theiss, Stuttgart 1979e.
German, R.: Felsen der mittleren Schwäbischen Alb und die Bedeutung natürlicher und künstlicher Felswände für Naturschutz und Landschaftspflege. – Veröff. Naturschutz Landschaftspflege Bad.-Württ., 50, 167–182, Karlsruhe 1980a.
German, R.: Die Dolinenkartierung. – Veröff. Naturschutz Landschaftspflege Bad.-Württ., 51, 201–205, Karlsruhe 1980b.
German, R. & Eichhorst, U.: Die Wacholderheiden auf der Schwäbischen Alb im Bereich des Regierungsbezirks Tübingen aufgrund einer Luftbildauswertung. – Veröff. Landesst. Naturschutz Landschaftspflege Bad.-Württ., 42, 93–105, Ludwigsburg 1974.
*German, R. & Eichhorst, U.: Anthropogene Veränderungen der Landoberfläche anhand kartierter Beispiele aus der Umgebung von Tübingen. – Veröff. Naturschutz Landschaftspflege Bad.-Württ., 44/45, 433–449, Karlsruhe 1977.
German, R. & Eichhorst, U.: Hangneigungen und ihre Bedeutung für Landschaftspflege und Planung. – Veröff. Naturschutz Landschaftspflege 49/50, 115–135, Karlsruhe 1979.
*German, R. & Klepser, H.-H.: Die Landschaftsschadenskarte als Instrument von Landschaftspflege und Planungsträgern. – Veröff. Naturschutz Landschaftspflege Bad.-Württ., 44/45, 450–460, Karlsruhe 1977.
German, R. & Müller, T.: Die Naturdenkmale im Regierungsbezirk Tübingen. – Veröff. Naturschutz Landschaftspflege Bad.-Württ., 43, 220–226, Ludwigsburg 1976.
Global 2000. Der Bericht an den Präsidenten. – 1508 S., Zweitausendeins, Frankfurt 1980.
Görs, S.: Feuchtgebiete und ihre Abgrenzung. – Veröff. Naturschutz Landschaftspflege Bad.-Württ., 46, 241–249. Karlsruhe 1977.
Göttlich, K.: Moor- und Torfkunde. – 169 S., 80 Fig., 55 Fotos, 22 Tab., 2 Tafeln. Schweizerbart Stuttgart 1976.
Gress, H.: Untersuchungen zu Umweltfragen im mittleren Neckarraum. – Tüb. Geogr. Studien, 55, 101 S., Tübingen 1974.
*Gruhl, H.: Ein Planet wird geplündert. Die Schrek-

kensbilanz unserer Politik. – 376 S., Fischer, Frankfurt 1975.
Haas, H.-D. & Hannss, Chr.: Kulturlandschaftliche Entwicklung und Landschaftsbelastung im Spiegel der Gewässerverschmutzung, dargestellt am Beispiel des Filstalgebiets. – Tübinger geogr. Studien, 55, 1–64, Tübingen 1974.
Haber, H.: Stirbt unser blauer Planet? Die Naturgeschichte unserer übervölkerten Erde. – 139 S., Deutsche Verlags-Anstalt, Stuttgart 1973.
Harress, H. M.: Hydrogeologische Untersuchungen im Oberen Gäu. – 161 S., Diss. Tübingen 1973.
Hassenpflug, W.: Messungen zur Bodenumlagerung in der Knicklandschaft Schleswig-Holsteins. – Schr. Naturwiss. Ver. Schlesw.-Holst., *39*, 29–39, Kiel 1969.
Hillesheim-Kimmel, U.: Die Naturschutzgebiete Hessens. Eine erste Bestandsaufnahme. – 211 S., Darmstadt 1970.
Hofmann, M.: Flächenbeanspruchung durch Sand- und Kiesabgrabungen. – Natur und Landsch., *54*, 39–45, Köln 1979.
Hötzl, H., Job, C., Zötl, J.: Wann ist das Grundwasser erschöpft? – Umschau 77, 518–519, Frankfurt 1977.
*Innenministerium Baden-Württemberg: Landesentwicklungsplan, Fassung Januar 1973. – 332 S., mit Anlagen, Malsch & Vogel, Karlsruhe 1973.
Innenministerium Baden-Württemberg: Städtebauliche Klimafibel. Hinweise für die Bauleitplanung, Folge 1. – 50 S., Stuttgart 1977.
Institut für Naturschutz und Tierökologie: Tierwelt und Straße. Problemübersicht und Planungshinweise. – Jb. Naturschl. Landschaftspfl., 26, 91–115, Bonn-Bad Godesberg 1977.
Jäckli, H.: Gegenwartsgeologie des bündnerischen Rheingebiets. – Beitr. z. Geol. d. Schweiz, Geotechn. Serie, Lfg. 36, Bern 1957.
Jäckli, H.: Der rezente Abtrag der Alpen im Spiegel der Vorlandsedimentation. – Eclogae geol. helv., *51*, 354-365. Basel 1958.
Jäckli, H.: Der Mensch als geologischer Faktor. – Geogr. Helv., *19*, 87–93, Bern 1964.
Jäckli, H.: Element einer Anthropogeologie. – Eclogae geol. helv., *65*, 1–19, Basel 1972.
Jahrbuch für Naturschutz und Landschaftspflege. Hrsg. von der Arbeitsgem. dt. Beauftr. Natursch. Landschaftspfl., Konstantinstr. 110, Bonn 2.
Bd. 22: Brachflächenproblem (1973);
Bd. 24: Naturschutz und Gewässerbau (1975);
Bd. 25: Rechtsentwicklung; Seminar Landschaftsplanung (1976);
Bd. 26: Naturschutz und Verkehrsplanung (1977);
Bd. 27: Naturschutz und Landwirtschaft (1977);
Bd. 28: Bürgerbeteiligung (1978);
Bd. 29: Naturschutz und Flurbereinigung (1979);
Bd. 30: Grundlagen und Bedingungen für den Artenschutz (1980);
Bd. 31: Flächensicherung für den Artenschutz (1981).

Käss, W.: Hydrogeologische Gesichtspunkte beim Umweltschutz. – Z. deutsch. geol. Ges., *124*, 399–416, Hannover 1973.
Kaule, G.: Die Seen und Moore zwischen Inn und Chiemsee. – Naturschutz und Landschaftspflege, 3, 72 S., Bayer. Landesamt für Umweltschutz, München 1973.
*Kiefer, F.: Naturkunde des Bodensees. – 2. Aufl., 209 S., Jan Thorbecke, Sigmaringen 1972.
Kiemstedt, H.: Natürliche Beeinträchtigung als Entscheidungsfaktoren für die Planung. – Landschaft + Stadt, *3*, 80–84, Stuttgart 1971.
Kienholz, H.: Kombinierte geomorphologische Gefahrenkarte 1 : 10 000 von Grindelwald. – Catena, *3*, 265–294, mit 1 Kartenband, Gießen 1977.
Kirwald, E.: Über Wald und Wasserhaushalt im Ruhrgebiet. Mitteilung über Forschungsarbeiten des Ruhrtalsperrenvereins Essen. – 104 S., 7 Abb., 20 Tab., 66 graph. Darst. im Anlagenteil. Eigenverl. Ruhrtalsperrenverein, Essen 1955.
Klitzsch, E., Sonntag, Chr., Weisterkoffer, K. & El Shazly, E. M.: Grundwasser der Zentralsahara, Fossile Vorräte. – Geol. Rundsch., *65*, 264–287, Stuttgart 1976.
Länderarbeitsgemeinschaft Wasser: Grundlagen für die Beurteilung der Wärmebelastungen von Gewässern. – 88 u. 21 S. u. Anl., Koehler & Hennemann, Wiesbaden 1971.
Länderausschuß Bodenforschung: Denkschrift zur Erfassung und Sicherung der Lagerstätten oberflächennaher Rohstoffe im Rahmen der Raumordnung und Landesplanung in der Bundesrepublik Deutschland. – Mskr., München 1. 7. 1976.
Der Landschaftsplan nach dem Nordrhein-Westfälischen Landschaftsgesetz. – 2. Aufl., 68 S., o. O. 1979.
Lange, W.: Das Tragfähigkeitsverhalten von Kippeninnenflächen. – Braunkohle, Wärme und Energie, H. 10, 27–32, Köln 1969.
Lemcke, K.: Ölschiefer im Meteoritenkrater des Nördlinger Rieses. – Erdöl-Erdgas-Zeitschrift, *93*, 393–397, Hannover 1977.
Leutenegger, V.: Untersuchung über die Belastung der Bodenseelandschaft durch den Verkehrslärm. – Natur und Landschaft, *46*, 272–276, Köln 1971.
Linck, O.: Der Weinberg als Lebensraum. – 72 S., 190 Fotos, 9 Abb., Rau, Öhringen 1954.
Löderbusch, W.: Die Besiedlung künstlich angelegter Tümpel im Kreis Sigmaringen, unter besonderer Berücksichtigung der Wasserinsekten. – 96 S., Dipl.-Arbeit Tübingen 1979.
Ludwig, W.: Untersuchung und Bewertung des naturnahen Gehölzbestandes an 3 Fließgewässern im Bereich des Albvorlandes und der Schwäbischen Alb. – Veröff. Naturschutz Landschaftspflege Bad.-Württ., *50*, 65–106, Karlsruhe 1979.
Lüttig, G.: Der Naturschutz in Niedersachsen aus geowissenschaftlicher Sicht. – In: 30 Jahre Naturschutz und Landschaftspflege in Niedersachsen,

hrsg. vom Niedersächs. Min. f. Ernährung, Landw. u. Forsten, 78–92, Hannover 1976.
Lüttig, G.: Die nichtmetallischen Rohstoffe (außer Brennstoffen) in der wirtschaftlichen, wissenschaftlichen und politischen Diskussion der Gegenwart. – Mskr. nach einem Vortrag im Geol. Inst., Kolloquium der Universität Göttingen am 1.2.1978.
Lüttig, G. & Pfeiffer, D.: Die Karte des Naturraum-Potentials. Ein neues Ausdrucksmittel geowissenschaftlicher Forschung für Landesplanung und Raumordnung. – N. Archiv Nieders., 23, 3–13, Göttingen 1974.
Mahr, R.: Pflegearbeiten im Naturschutzgebiet „Federsee" und ihre Probleme. – Veröff. Naturschutz Landschaftspflege Bad.-Württ., *43*, 215–219, Ludwigsburg 1976.
Makowski, H.: Jugend und Naturschutz. – Veröff. Landesst. Naturschutz Landschaftspflege Bad.-Württ., *24*, 611–621, Ludwigsburg 1956.
Marquardt, H.: Die Umweltchemikalien und die Bedrohung des menschlichen Erbgutes. – Universitas, *31*, 355–362, Stuttgart 1976.
**Mattern, H.:* Gras darf nicht mehr wachsen. 12 Kapitel über den Verbrauch der Landschaft. – Bauwelt Fundamente, 13, 1–181, Berlin/Frankfurt/Wien o. J.
Mattern, H.: Jedem Dorf sein Hochhaus? – Bl. Schwäb. Albver., *79*, H. 1, 4–6, Stuttgart 1973 a.
Mattern, H.: Bauen in der Landschaft. – Gebrannte Erde, Beilage z. dt. Architektenblatt, Ausgabe Bad.-Württ., *14*, vom 15. März 1973, Stuttgart (1973 b).
Mattern, H.: Von den Hochhäusern zu den schwarzen Sargdeckeln. – Bl. Schwäb. Albver., *82*, H. 1, 21–22, Stuttgart 1976.
Mattern, H. & Schmidt, R.: Die Naturdenkmale im Regierungsbezirk Nordwürttemberg. – Veröff. Landesst. Naturschutz Landschaftspflege Bad.-Württ., *38*, 158–189, Ludwigsburg 1970.
Mattern, H., Wolf, R. & Mauk, J.: Die Bedeutung von Wacholderheiden im Regierungsbezirk Stuttgart sowie Möglichkeiten zu ihrer Erhaltung. – Veröff. Naturschutz Landschaftspflege Bad.-Württ., *49/50*, 9–29, Karlsruhe 1979.
**Mattheß, G.:* Die Beschaffenheit des Grundwassers. – Lehrbuch der Hydrogeologie, Bd. 2, 324 S., 89 Abb., 86 Tab., Gebr. Borntrâger, Berlin/Stuttgart 1973.
**Meadows, D.* u. a.: Die Grenzen des Wachstums, Deutsche Verlags-Anstalt, Stuttgart 1972 (rororo-Sachbuch 6825, 180 S., Hamburg 1973).
Menneking, H.: Entwicklung zur Regelung des Bodenabbaus. – In: 30 Jahre Naturschutz und Landschaftspflege in Niedersachsen, hrsg. vom Nieders. Min. f. Ernährung, Landw. u. Forsten, 146–149, Hannover 1976.
**Mesarović, M. & Pestel, E.:* Menschheit am Wendepunkt. 2. Bericht an den Club of Rome zur Weltlage. – 184 S., Deutsche Verlags-Anstalt, Stuttgart 1974.

Müller, Th. & Oberdorfer, E.: Die potentielle natürliche Vegetation in Baden-Württemberg. – Beih. Veröff. Landesst. Naturschutz Landschaftspflege Bad.-Württ., 6, 45 S., Ludwigsburg 1974.
**Ödum, E. P.:* Ökologie. – 3. Aufl., 162 S., 39 Abb., BLV Verlagsges., München/Basel/Wien 1973.
Odzuk, W.: Soziologische und ökologische Auswirkungen von Emissionen des Straßenverkehrs auf die Wiesenvegetation. – Landschaft + Stadt, *10*, 23–29, Stuttgart 1978.
Oeschger, H., Messerli, B. & Svilar, M.: Das Klima. Analysen und Modelle; Geschichte und Zukunft. – 296 S., 123 Abb., Springer, Berlin/Heidelberg/New York 1980.
**Olschowy, G.* (Hrsg.): Natur- und Umweltschutz in der Bundesrepublik Deutschland. – 926 S., 265 Abb., 133 Tab., Parey, Hamburg und Berlin 1978.
Quadflieg, F.: Flurbereinigung und Landespflege, Empfehlungen, erarbeitet vom Arbeitskreis „Flurbereinigung und Landespflege". – 22 S., Hiltrup (Westf.) 1974.
**Der Rat von Sachverständigen für Umweltfragen:* Umweltgutachten 1974. – 320 S., Kohlhammer, Stuttgart und Mainz 1974.
**Der Rat von Sachverständigen für Umweltfragen:* Umweltgutachten 1978. – 638 S., Kohlhammer, Stuttgart und Mainz 1978.
Rathjens, C.: Die Formung der Erdoberfläche unter dem Einfluß des Menschen. Grundzüge einer Anthropogenetischen Geomorphologie. – 160 S., 29 Abb., Teubner, Stuttgart 1979.
Regionale Planungsgemeinschaft Untermain: Lufthygienisch-meteorologische Modelluntersuchung in der Region Untermain. – 37 S., Frankfurt 1970.
Regionale Planungsgemeinschaft Untermain: (Sammelband) Lufthygienisch-meteorologische Modelluntersuchung in der Region Untermain. 3. Arbeitsbericht. Infrarot-Thermographie. – Reg. Planungsgemeinschaft Untermain, 56 S., Frankfurt 1972.
Regionale Planungsgemeinschaft Untermain: Lufthygienisch-meteorologische Modelluntersuchung in der Region Untermain. 5. Arbeitsbericht. – Reg. Planungsgemeinschaft Untermain, 238 S., Frankfurt 1974.
Richter, G.: Bodenerosion. Schäden und gefährdete Gebiete in der Bundesrepublik Deutschland. – Forsch. z. dt. Landeskde., 152 S., Bad Godesberg 1965.
Richter, H. E. (Hrsg.): Wachstum bis zur Katastrophe? Pro und Contra zum Weltmodell. – 132 S., Deutsche Verlags-Anstalt, Stuttgart 1974.
Röder, Chr. & Engstfeld, P. A. (Hrsg.): Problem der Alpenregion. Beiträge aus Wissenschaft, Politik und Verwaltung. – Schriften und Informationen, Bd. 3, Hanns-Seidel-Stiftung Bildungswerk, München 1977.
Rössert, R.: Wasserwirtschaft und Gewässerkunde. – R. Oldenburg Verlag, München 1969.

Ruge, V.: Das Blei in den Autoabgasen und die Schädigung der Nutzpflanzen. – Forum Umwelt-Hygiene, 27, 131–132, Patzer, Berlin/Hannover 1976.

Schäfer, W.: Kranker Oberrhein – Maßnahmen zu seiner Gesundung. – Umschau 74, 37–41, Frankfurt 1974.

Schedler, J.: Floristische Untersuchungen in einem Gebiet der „Historischen Weinberglandschaft" bei Obersulm, Kreis Heilbronn. – Veröff. Naturschutz Landschaftspflege, Bad.-Württ., 47/48, 317–338, Karlsruhe 1978.

Schmid, G.: Sterben Gewässer und Seen durch die Schuld der Landwirtschaft? – Forum Umwelt-Hygiene, 27, 127–131. Patzer, Berlin/Hannover 1976.

Schneider, J.: Geowissenschaftler und ihre Verantwortung für die menschliche Gesellschaft. Beispiel: Manganknollen-Gewinnung aus der Tiefsee. – Geol. Rundsch., 66, 740–755, Stuttgart 1977.

Schneider, W., & Matter, L.: Einwirkungen von Luftverunreinigungen auf oberirdische Gewässer und Pflanzen. – Forum Städte-Hygiene, 28, 226–229, Berlin/Hannover 1977.

Schönnamsgruber, H.: Kiesgruben in der Landschaft, rechtliche und landschaftspflegerische Möglichkeiten. – Veröff. Landesst. Naturschutz Landschaftspflege Bad-Württ., 35, 129–138, Ludwigsburg 1967.

Schönnamsgruber, H.: Energieversorgung, Kraftwerksbau und Gewässerbelastung. – Schwäbische Heimat, 24, 134–142, Stuttgart 1973.

Seibert, P. & Zielonkowski, W.: Landschaftsplan „Pupplinger und Ascholdinger Au". – Schriftenr. f. Naturschutz Landschaftspflege, H. 2, 40 S., München 1972.

Seifert, B.: Soll die Spraydose verboten werden? – Umschau 77, 113/114, Frankfurt 1977.

Seybold, S.: Die Aktuelle Verbreitung der höheren Pflanzen im Raum Württemberg. – Beih. Veröff. Naturschutz Landschaftspflege Bad.-Württ., 9, 201 S., Karlsruhe 1977.

Siebert, H.: Das produzierte Chaos. Ökonomie und Umwelt. – 184 S., Kohlhammer, Stuttgart 1973.

Steubing, L.: Niedere und höhere Pflanzen als Indikatoren für Immissionsbelastungen. – Landschaft + Stadt, 8, 97–103, Stuttgart 1976.

Stugren, B.: Grundlagen der allgemeinen Ökologie. – 224 S., 104 Abb., 3 Tab., Fischer, Jena 1978.

Tischler, W.: Einführung in die Ökologie. – 307 S., 97 Abb., G. Fischer, Stuttgart 1976.

Troll, C.: Luftbildplan und ökologische Bodenforschung. – Z. Ges. Erdkde., 241–311, Berlin 1939.

Universitäten Stuttgart und Hohenheim (Hrsg.): Umwelt Aktuell, H. 1 – Texte der Vortragsreihe zu „Umwelt 72", Stuttgart, 30. 6. bis 9. 7. 1972, Thema: Umwelthygiene, Landesplanung und Landschaftsschutz, Karlsruhe 1973.

Wärmelastplan Neckar (Plochingen bis Mannheim). – Ministerium für Ernährung, Landwirtschaft und Umwelt Baden-Württ., Wasserwirtschaftsverwaltung, H. 3, 18 S., 28 Anlagen, Stuttgart 1973.

Waldlehrpfade in Baden-Württemberg. Hrsg. v. d. Schutzgem. Dt. Wald. – 33 S., Stuttgart o. J.

Weinzierl, H.: Kiesgrube und Landschaft, Teil III. – 136 S., 78 Fotos, Courier, Ingolstadt o. J.

Weischet, W.: Die ökologische Benachteiligung der Tropen. – 127 S., Teubner, Stuttgart 1977.

Weller, F.: Ökologische Standortskarten als Grundlage für Agrar- und Landschaftsplanung. – In: Daten und Dokumente zum Umweltschutz, H. 14, Hrsg.: Dokumentationsstelle der Universität Stuttgart-Hohenheim 1975.

Weller, F., Müller, S., Schiefer, J. & Vogelsang, W. unter Mitarbeit von *Schreiber, K. F.:* Ökologische Standortseignungskarte des ehemaligen Landkreises Aalen. – Ministerium für Ernährung, Landwirtschaft und Umwelt Baden-Württemberg (Hrsg.), Stuttgart 1975.

*Wilhelmy, H.: Geomorphologie in Stichworten. – 3 Bde., Hirt, Kiel, 2. Aufl. 1975.

Wilmanns, O.: Gedanken über den wissenschaftlichen Wert von Naturschutzgebieten. – Veröff. Landesst. Naturschutz Landschaftspflege Bad.-Württ., 38, 190–202, Ludwigsburg 1970.

*Winkler, S.: Einführung in die Pflanzenökologie. – 220 S., UTB 169. G. Fischer, Stuttgart 1973.

Ziegelmann, H.: Ein Haar von Napoleon und das Gift der Madame Besnard. – Umschau 79, 24–29, Frankfurt 1979.

VII Stichwortverzeichnis

Die Zahlen beziehen sich auch
auf die Abbildungen und Tabellen
auf den genannten Seiten.

Abbau 49f., 65, 83
Abflämmen s. Flämmen
Abgase 31, 80
Ablagerung 83
Abraum 50, 52
Abtragung 17, 58
Abwässer 83
Agrarstrukturpolitik 18, 27
Aktuogeologische Ereignisse 43
Altrhein 67ff.
Altwasser 33, 44, 67, 72
Artenschutz 9, 12, 74
Aufforstung 20
Aufschüttung 43, 69
Auftriebsgebiete 87
Ausgleichsflächen (ökolog.) 74
Ausgleichsprinzip 12
Aushub 43
Außenbereich 17, 34, 36, 39, 45
Auwald 25, 43, 46, 63f., 66ff., 69f., 73, 90f.

Bäume 9, 41
Baggerseen 44
Bannwald 61
Bauen 33ff.
Bauleitplan (-ung) 36f.
Bebauungsplan 36
Behörden 12, 14, 16, 60
Bepflanzung 23, 33, 39, 44, 50f., 78, 90
Bergbau 47, 52
Betretung (-srecht) 12, 69, 71
Bilanzen s. ökologische B.
Bioindikatoren 79, 82
 (s. auch Flechten)
Biologie 4
Biosphäre 35, 83, 88
Biotop (-kartierung) 19f., 26, 33ff., 43, 65, 74, 78, 90
Biotoppflege 14, 67
Biotopschutz 74ff.
Biozide 17, 19, 91

Boden (Mutter-) 17, 22, 31f., 46, 52, 82, 85
Bodenerosion 58
Bodennutzung 18ff.
Bodenschätze 47, 83
Böschungen 25, 33
 (s. auch Hangneigung)
Bohrung 47
Brache 19f., 21
Brachland 20f.
Bündelung 32
Bundesnaturschutzgesetz 10ff., 14, 60

Dämme 32, 67
Datenverarbeitung 40
Dauerstau 69
Deponie 44, 50
Dolinen 42
Drainage 22
Dünger s. Mineraldünger
Durchgrünte Verdichtung 39

Eigenjagdbezirk 14
Eindeichung 83
Eingriff 5, 12, 33, 43, 45, 56, 66, 78, 81, 88
Einschnitt 44
Eiszeitalter 80f.
Emissionen 36, 79
Endlagerung 50
Entwässerung 17, 22, 25, 63, 72, 90
Erholung (-slandschaft, -sschutzstreifen,
 -svorsorge) 12, 28, 32, 49, 62, 69, 73, 89
Erosionsschutz 17, 22, 63, 66, 72
Ersatzrohstoffe 49
Eutrophierung 19, 69, 74

Fehlplanung 37f.
Feldgehölz s. Gehölz u. Hecke
Felsen 41, 43, 53, 56
Fernstraßen 32
Feuchtgebiete (-wiesen) 17, 19, 63, 65, 69, 90
 (s. auch Biotope)
Fischfang 82ff., 87f.
Fischtreppen 72
Flächennutzungsplan 36, 40, 49
Flächenschutz 60
Flämmen 74
Flechten 22, 31, 38, 82
Fließgewässer 22, 25f., 27, 33, 43, 63, 66f., 68f., 86
Flurbereinigung 23ff.
Flußbau 66, 72
Flußschlingen 67
Forstwirtschaft 17ff.
Freiflächen (ökolog.) 20, 25f., 31, 36, 74, 90f.
 (s. auch Biotope)
Frischluftzufuhr (-schneisen) 37f., 91

Gehölz (-bestand) 22, 27, 67f., 68
 (s. auch Hecken)

97

Generalverkehrsplan 28
Geologisches Naturdenkmal s. Naturdenkmal
Geomorphologische Analyse 51, 78
– Veränderung 43, 44 ff.
– Wiedereingliederung 44, 51, 53
Geoökologie 8
Geschützte Landschaftsbestandteile (Grünbestände) 62
Gesteinsabbau 9, 50, 51
Gewässer 23, 25, 53, 66 ff., 73, 90 f.
 -sohle 69
Gliederung des Naturschutzes 15
Grüngürtel (-flächen, -zonen) 34 f., 36 f., 38 f., 91
Grünordnungsplan 35 f.
Grundsätze des Naturschutzes 12 f.
Grundwasser 17, 38, 44, 46, 49, 66 ff., 69 f., 72

Hangneigung 53 ff.
Hecken 23 f., 25 f., 27, 35, 38, 62, 91
Hochwasser 22, 66, 69, 73, 91
Höhlen 41 f.

Indikatoren 31, 38, 82
 (s. auch Bioindikatoren)
Inwertsetzung 7, 49

Jagd 74
Jugendlager 10

Kanalisierung 67
Kiesgruben s. Materialentnahmestellen
Kläranlagen 83
Klagerecht 16
Kleinformen (-strukturen) 24, 26, 35, 62, 78, 91
Kleinklima 17, 38
Klima 81 ff., 91
Korngröße 22
Kraftwerke 69, 81
Kreisläufe 5, 6, 87
Kriterien f. Schutzgebiete 61
Kulturlandschaft 24

Lärm 30 f., 32, 36
Lagerstätten 49
Landesentwicklung (-splan) 7, 23, 40
Landespflege 7
Landesplanung 5, 7
Landgewinnung 47, 69
Landschaftsbild 33, 44 f., 62, 78, 91 f.
Landschaftsdatenkatalog 40
Landschaftsökologie 7
Landschaftspflege 5, 7, 9, 14, 74, 78, 91
 -programm 57
Landschaftspflegerischer Begleitplan 33, 35
Landschaftsplan (-ung) 5, 7, 10, 12, 34, 36, 39 ff.
Landschaftsruinen 50
Landschaftsschaden 22, 39, 56 ff., 90
Landschaftsschutzgebiet 62
Landverbrauch 33, 39, 56

Landwirtschaft 17, 91
Lehrpfad 41
Lufthülle 79 ff.
 -kreislauf 91
 -strömung 38

Mäander 67
Mähen 20, 74 f.
Magerrasen 21
Manifest, ökolog. 88 ff.
Materialentnahme 36, 42, 44 f., 49 f., 58, 91
Meer 82 ff.
Meeresbergbau 85
 -strömungen 85 f., 88
 -verschmutzung 83
Merksätze 90 f.
Metallvorräte 50
Meteoritenkrater 42
Migrationswege 41
Mineraldünger 17, 18, 19
Möblierte Landschaft 7
Monokulturen 17, 21, 89, 91
Moore 41, 63 f.
Mulchen 74
Mutterboden s. Boden

Nahrungsketten 17, 80, 83
 -teiche 26, 63, 78
Nationalpark 9, 61
Naturdenkmal 9, 36, 40, 42, 56, 62, 74
Naturhaushalt 5, 9 f., 11, 17 f., 20, 22
Naturkreislauf 4, 6, 47, 49
Naturpark 9, 62
Naturpotential 49
Naturschutz 8, 9 ff.
Naturschutzdienst 60
Naturschutzgebiet 9, 61 f., 74
Naturschutzgesetz 11 f., 18, 73
Naturschutzvereine s. Vereine
Naturschutzverwaltung 14, 15
Naturschutzwarte 14, 60
Neigungswinkel s. Hangneigung
Nulltarif 11
Nutzung 5, 88
– des Meeresbodens 83 ff.

Oberrhein 66 ff.
Obstbaumgürtel 38
Ökologie 4, 5, 9, 10, 89
Ökologische Bilanzen 11, 40, 80
– Freiflächen 20, 74
 (s. auch Biotope)
 -s Manifest 88 ff.
Ökosystem 6, 71, 82
Ökotop 79
Öltransport 84 f.
Ordnungswidrigkeiten 12, 41, 60
Organismen 5
Ozon 79

Park (-gestaltung) 8, 53, 74
Pflanzmaßnahmen 66
Pflegemaßnahmen 58
Planfeststellungsverfahren 49
Planung 4, 12, 36
Potentielle natürliche Vegetation 75 f.
Privater Naturschutz s. Vereine

Radioaktive Stoffe (Radioaktivität) 22 f., 80, 83 ff.
Raubbau (-fang, -nutzung) 5, 7, 69, 80, 87 ff.
Raumforschung 5, 7, 39
Raumordnung (-planung) 4, 7
Regen, saurer 69, 80
Regionalplan 7
Reichsnaturschutzgesetz 7, 11
Rekultivierung (-splan) 50, 53, 58, 78, 91
Relief 22, 24, 32, 56, 83
Retentionsflächen 73
Rodung 80
Rohstoff (-gewinnung) 47, 49 f., 83, 88, 91
Rückbau 33
Rückhaltebecken 69

Salzstreuen 69
Sauerstoffproduktion 21, 82
Saurer Regen 69, 80
Schadfaktoren 31
  -stoffe 22 f., 30, 72, 79 f., 83, 90 f.
Schäden s. Landschaftsschäden
Schafweiden 75
Schelf 83
Schornsteine 80
Schutzgebiete 12, 49
Schutzstreifen 32
Schutzwald 22
Schwermetall 69, 83
Sediment (-transport) 72, 83 ff.
See 63, 69, 71, 74, 80
Sichtschutz 35
Siedlungsfläche 21
  -bereich 32
  -rand 38
Smogalarm 4
Splittersiedlung 39, 43
Stadtplanung s. Bauleitplanung
Stadtrand 38 f., 45
Standortfaktoren 38
Standortgemäße Bepflanzung 66, 78, 90 f.
Steinbruch s. Materialentnahme
Steinriegel 24
Steppenheide 75
Stoffkreislauf, Ozean 87
Stoffwechsel 71
Straßen (-bau) 28 ff.
Straßennetz 28 f., 32
Strömungen s. Meeresströmungen
Substitution 49
Süßwassersee s. See
Sukzession s. Wildwuchs

Tagebau 47, 50
Talaue 17, 22, 39, 43, 66, 69, 73
Tanker (-unfälle) 83, 91
Temperaturerhöhung (Luft) 79 f.
Terrassierung 22, 44
Tiefseebergbau 83
Tonmineralien 22
Torf 63 f.
Trassierung 30, 33, 91
Tümpel 63
  (s. auch Nahrungsteiche)
Tunnel 33

Überschwemmungsbereich 73
Uferbepflanzung 27, 66 f., 90
  -böschung 69
  -schutz 9, 73, 90
  -vegetation 25, 43, 90
Umgehungsstraßen 32, 43
Umnutzung 21
Umweltforschung 8
  -recht 13
  -schutz 8

Vegetationsgebiete (-gürtel, -zonen) 53, 76, 79
Veränderungen s. Eingriffe
Verdolung 69, 91
Vereine 8, 9, 14, 16, 20, 26, 75
Verkehr 28
Verklappen 83, 91
Verlandung 64
Verschmutzung 83 ff.
Versiegelung 38, 43, 58, 66
Versteppung 66, 69
Verursacherprinzip 12, 32, 57 f.
Ville 47 ff.
Vögel (Vogelschutz, -gehölz) 20, 63, 66, 83, 91
Vorräte s. Rohstoffe

Wacholderheide 74, 78
Wälle 32
Wärmezirkulation 88
Wald 18 f., 20 ff., 30, 32, 61
Wanderwege 44
Wasser (-bau, -haushalt, -lauf) 20, 25, 41, 91
  -kreislauf 86
  -temperatur 69
  -wechselzone 66
Watt 83
Wegenetz 25
Wege- und Gewässerplan 23 f., 25
Weinberge 24
Wildwuchs 20, 33, 75
Wirtschaftsfläche 19
  -grünland 65

Zerschneidung d. Landschaft 28, 90
Zersiedlung 39, 91
Ziele des Naturschutzes 12
Zugänglichkeit (Seeufer) 69, 71

99

Für den Geologiekurs in der Sekundarstufe II empfehlen
wir aus der Reihe

S II Geowissenschaften

Einführung in die Geologie

Von Rüdiger German
Klettbuch 40911

sowie aus der Reihe

S II Arbeitshefte Geographie

Geologie

Die Wissenschaft von der Erdgeschichte
Von Günter Olbert
Klettbuch 46001

Ernst Klett Stuttgart